知れば知るほどおもしろい

増補版

琉球王朝のすべて

上里隆史
喜納大作

沖縄の歴史と、
王家・庶民の
生活・文化まで

河出書房新社

まえがき

琉球の歴史が、ようやく全国の人々に認知されはじめました。しかしドラマや小説に登場する琉球の歴史用語はなじみがなく、本土の人にとっては難解かもしれません。

琉球王朝を舞台にしたNHK・BSドラマ「テンペスト」で時代考証を担当した私、上里は、全国で続々と生まれた琉球史ファンに、この難解ととられがちな琉球の波瀾万丈でおもしろい歴史をもっと平易に楽しんでいただけるよう、本書の執筆を思い立ちました。

本書を書くにあたり気をつけたのは、歴史学者が読むような難しい専門書になってはいけない、ということです。現代を生きる読者が納得・理解し、共有できるよう、琉球の歴史を「翻訳」しなくてはなりません。それには柔軟な思考、感性を持った執筆者が適任です。そこで若き琉球史研究者である喜納大作氏に共同執筆することをお願いし、できあがったのが本書です。

「琉球王国」という東アジアの小さな国が時代の流れに翻弄されながらも、たくましく生き残ろうとしてきた姿は、逆境の中で新しく生まれ変わろうとする現在の日本にも、大きな示唆を与えるのではないでしょうか。

本書をきっかけに琉球の歴史がより身近な存在になるよう、心より願っています。

上里隆史

知れば知るほどおもしろい　琉球王朝のすべて ◈ 目次

第2章　琉球王国の政府「首里王府」のしくみ

第3章　国王と士族、庶民のくらし

第４章　琉球の神様と文化、風俗のふしぎ

王朝の終焉と波乱の歴史

あとがき

知れば知るほどおもしろい

琉球王朝のすべて

装幀・本文デザイン・図版イラスト／尾崎文彦、目黒一枝、緑川江里（tongpoo）
本文人物イラスト／上里隆史

ようこそ琉球王国へ

知られざる沖縄の歴史

　沖縄県は日本の最南端かつ最西端にあり、多くの島から成り立っています。みなさんは沖縄と聞くと何を連想しますか？　青い海に白い砂浜、ゴーヤーに沖縄そば、赤瓦《あかがわら》屋根の民家、あるいは米軍基地……。何を連想するかは人それぞれだと思いますが、人気の観光地であることに加え、沖縄県出身の芸能人の活躍やドラマの舞台になったこともあり、ここ十数年くらいで沖縄の知名度はグンとあがったのではないでしょうか。沖縄を訪れたことがない方でも「沖縄」と聞くといろいろなものを連想できることでしょう。

　では、沖縄県の歴史をご存じでしょうか。たとえば、江戸時代の沖縄の様子は？と聞かれても、答えられる人は意外と少ないかもしれません。

「チョンマゲに和服を着たお殿さまがお城にいて、日本刀を持ったお侍さんが守っていた？」

　いえいえ、実は、江戸時代の沖縄は日本ではなかったのです。沖縄はかつて、日本とは別の「琉球王《りゅうきゅうおう》国《こく》」という国でした。お殿さまがいる藩ではなく、王様がいる王国だったのです。もちろん琉球王国にはチョンマゲに和服の文化もありません。しかし、「王様」や「王国」と言われても沖縄県外の読者からすれば、ピンとこない方も多いかもしれません（ちなみに沖縄出身の私からすれば、チョンマゲに和服のほうが、なじみがありません）。

それもそのはず。日本史の教科書には、一応琉球王国の記述はありますが、数ページしかありません。日常生活の中で、琉球王国について触れる機会がないのです。さらに、琉球王国を紹介した本は少なく、あっても専門的で難しい本ばかりでした。

そこで、この本では琉球王国の歴史の中で、特に「近世」と呼ばれる時代（一六〇九～一八七九年）を中心にわかりやすくご紹介したいと思います。沖縄の伝統文化（たとえば赤瓦・壺屋焼《つぼややき》・組踊《くみおどり》など）と呼ばれるものの多くが、この時代に生み出されたものですし、NHK大河ドラマ「琉球の風」（一九九三年放送）や、池上永一氏の大人気小説『テンペスト』や『トロイメライ』の舞台にもなった、とてもおもしろい時代です。

琉球王国の舞台、沖縄県

琉球王国の舞台となる沖縄県ですが、どこにあるかご存じでしょうか。たくさんの島からなる最南端（最西端）の県、ということはわかっていても、沖縄県がどのような島々で成り立つのか意外とわからない方もいるかもしれません。ここでは琉球王国の舞台となった沖縄県の地理をご紹介します。

さて、沖縄県はなんと、東西に約一〇〇〇キロメートルもあります。「エー！　そんなに大きかったの⁉」と驚くのは少し待ってください。

もちろんすべてが陸地ではありません。沖縄県に属する島のうち、端から端までを測った距離です。東西で約一〇〇〇キロメートル、南北で約四〇〇キロメートルあります。この広大な海域の中に約一六〇の島があり、四九の島に約一四〇万人（二〇二二年四月現在）の人が住んでいます。

その約九割の人が住んでいるのが、県庁所在地の那覇市《なはし》がある沖縄島です。沖縄島の面積は約一二〇〇平方キロメートル。東京二三区の約二倍で、静岡市よりは小さく、札幌市よりは少し大きい、といった感じです。沖縄島の他、面積の大きい島に久米島《くめじま》・宮古島《みやこじま》・石垣島《いしがきじま》・西表島《いりおもてじま》などがあります。

さて、広大な海域に広がる沖縄県の島々ですが、島と島の距離もだいぶ離れています。たとえば、那覇市から石垣島までは約四〇〇キロメートル、さらに遠い与那国島《よなぐにじま》までは約五〇〇キロメートルもあります。この距離を他の都道府県と比較すると、那覇―石垣間は東京―大阪間と一緒で、那覇―与那国間は大阪―熊本間と同じ距離です。また九州の南端ともだいぶ離れています。那覇と鹿児島市の距離は約六五〇キロメートルで東京―広島間と同じ距離です。沖縄県の島々は、このような広大な海域に広がっているのです。

実は、沖縄県の領域以外で、かつて琉球王国の範囲だった島々があります。それが沖縄本島の北に位置する、奄美群島《あまみぐんとう》です。奄美大島《あまみおおしま》、喜界島《きかいじま》、徳之島《とくのしま》、沖永良部島《おきのえらぶじま》、与論島《よろんとう》などで、現在は鹿児島県の島々ですが、かつては琉球王国に属していました。琉球は一六〇九年に薩摩藩《さつまはん》（現・鹿児島県）の大名・島津《しまづ》氏から武力侵攻を受け、その時に奄美大島をはじめとする奄美の島々は琉球から切り離されてしまいました。

明治になっても奄美は沖縄県となることはなく、そのまま鹿児島県となり、現在に至ります。そのため、文化的には沖縄に非常に近いけれども沖縄ではない、という複雑な立場に置かれています。

島のことば

これだけ島と島が離れていると、それぞれの島の言葉も違います。那覇―石垣間と同じだけ離れている東京と大阪で言葉が違うように、沖縄島と石垣島でも言葉が違います。那覇出身の人が石垣島や宮古島の言葉を聞いても、外国語を聞いているようでまったく理解できません。関西弁の人が東北弁を聞いても理解できないのと同じ感覚でしょう。

また、言語学では、これらの島々で話されている言葉を「琉球語《りゆうきゆうご》」と呼び、日本語とは別の言語と考える説や、日本語の中の琉球方言と考える説があります。そして日本語の中に東北弁や関西弁、博多《はかた》弁があるように、琉球語の中にも沖縄島で話される言葉、宮古島で話される言葉、石垣島で話される言葉など、たくさんの言語があるのです。二〇〇九年にはユネスコが、これらの言語を「琉球諸語」として、消滅の危機にある言語だと発表しました。

琉球語のうち、沖縄島で話されている言葉は「沖縄口」（ウチナーグチ）と呼ばれます。

ここでウチナーグチの例をご紹介しましょう。

代表的な沖縄口（ウチナーグチ）

名詞

・太陽⬇ティーダ
・雨⬇アミ
・船⬇フニ
・魚⬇イユ
・犬⬇イン
・猫⬇マヤー
・島⬇シマ
・沖縄⬇ウチナー
・人⬇チュ
・沖縄の人⬇ウチナーンチュ

形容詞

・美しい⬇チュラサン
・美しかった⬇チュラサタン
・おいしい⬇マーサン
・大きい⬇マギサン
・小さい⬇クーサン
・広い⬇ヒルサン
・強い⬇チューサン
・青い⬇オーサン

動詞

・思う⬇ウムユン
・思った⬇ウムタン
・学ぶ⬇ナラユン
・書く⬇カチュン
・遊ぶ⬇アシブン
・食べる⬇カムン
・眠る⬇ニンジュン
・休む⬇ユクユン

日本語と似た語も多いですが、魚（イユ）、猫（マヤー）など中国語由来と言われる語や、太陽（ティーダ）など琉球語独自の語もあります。

沖縄の歴史には、日本史の時代区分が通じない⁉

まず日本の歴史について簡単にさらってみましょう。日本史の本を開くと、中学・高校の歴史の授業で習う、縄文《じょうもん》時代・平安時代・室町時代・江戸時代などといった時代区分が登場します。日本のほとんどの地域で、この時代区分を用いることができると思いますが、かつて琉球王国という国があった沖縄県には、この区分が当てはまりません。

たとえば、沖縄県には古墳《こふん》がありません。古墳を造る文化がなく、一切造られなかったからです。そのため、古墳がない沖縄で、その時代を古墳時代と呼ぶことは適していません。日本と別の歴史を歩んできた沖縄県には独自の時代区分があるのです。この独自の時代区分に沿って、沖縄県の歴史を簡単にご紹介したいと思います。

海とともに生きた貝塚時代

日本史の縄文時代から平安時代にあたる時代、沖縄では貝塚《かいづか》時代という時代でした。この時代の遺跡からは貝塚（食べた貝などのゴミ捨て場）がよく見つかることからそう呼びます。また、日本史の時代と対応させて「縄文弥生《やよい》～平安並行期」とも呼びます。

貝塚時代の沖縄の人々は農耕ではなく狩猟採集の生活を営んでいました。狩猟採集とは森に行って木の実を採ったり、動物を狩ったり、海で魚を捕えたり、それを食料として生活をすることです。狩猟採集と言うと、何となく農耕より「遅れている」イメージがありますが、人類学の研究によると実はそうではなく、ヒトの優れた生き方なのだそうです。狩猟採集の生活が何らかの理由で成り立たなくなった時に、ヒトは農耕を受け入れると考えられています。つまり沖縄では、日本が平安時代となる頃まで、わざわざ面倒くさい農耕をしなくても暮らしていけたのです。

また、この頃からすでに周辺地域と活発な交流をおこなっており南西諸島でしか採れない貝殻が交易で日本各地へ運ばれ、アクセサリーとして使われていました。遠くはなんと北海道（古墳時代）の遺跡から南西諸島産の貝殻が出土しています。逆に、沖縄では日本の縄文・弥生文化の影響を見ることができます。

一方、これらの文化は宮古諸島や八重山《やえやま》諸島までは届いておらず、宮古・八重山は、南（東南アジア）からの文化の影響を強く受けています。さらに、貝塚時代の後期になると中国の貨幣《かへい》も出土しており、中国大陸との交流もあったようです。

ちなみに、沖縄島では何万年も狩猟採集の生活を続けていたようですが、沖縄島ほどの狭い島でこれだけの長い期間狩猟採集を続けていたのは、世界的に見ても珍しいそうです。

按司の勢力争いとグスク

さて、一二世紀頃になると、沖縄でも農耕が本格的におこなわれるようになります。この頃になると、各地に「按司《あじ》」と呼ばれる地域のリーダーが出現します。按司はグスクと呼ばれる城を築き、そこを拠点として地域を治め、互いに勢力争いを繰り返しました。各地でグスクがたくさん築かれたことから、この時代を「グスク時代」と呼びます。日本史で言えば鎌倉時代から室町時代初め頃に相当します。

按司たちが勢力争いをする中で、大きな三つの勢力が形成されていきました。北山《ほくざん》・中山《ちゅうざん》・南山《なんざん》という三つの勢力で、三つをあわせて「三山《さんざん》」と呼びます。その領域は現在の沖縄本島の北部・中部・南部とほぼ重なり、北山は今帰仁《なきじん》グスク（現・今帰仁村《なきじんそん》）を、中山は浦添《うらそえ》グスク（現・浦添市）を、南山は大里《おおざと》グスク（現・南城市）・南山《なんざん》グスク（現・糸満市《いとまんし》）をそれぞれ拠点にしていました。

グスク時代の中でも「琉球版三国志」の時代とも言えるこの時期を、「三山時代」と呼びます。三山の各王はそれぞれ中国と交易をおこなっていました。

琉球王国の成立と王朝交代

三山に分かれていた沖縄島は一四二九年に中山王の尚巴志《しょうはし》という人物によって統一されました。彼は、もともと南部の佐敷《さしき》という地域の小さな按司でしたが、次第に力を蓄え、中山王を滅ぼして自分の父を中山の王にし、さらに北山王、南山王をも滅ぼして一四二九年、ついに三山統一を実現。「琉球王国」という統一政権を誕生させました。

しかし、第一尚氏王朝と呼ばれているこの王朝は権力の基盤がまだ弱く、王位継承争いや有力按司の反乱でガタガタになり、七代・計六四年でクーデターによって滅びてしまいます。

このクーデターによって、それまで第一尚氏の家臣であった金丸《かなまる》という人物が国王となりました。金丸は第一尚氏から王統を継ぐ正当性を示すため、「尚」という姓を引き継ぎ「尚円《しょうえん》」と名乗りました。なので血のつながりはありませんが、尚円以降の王朝を「第二尚氏王朝」と呼びます。この王朝は一八七九年（明治一二）まで続きます。

三山の時代から第二尚氏王朝の始め頃まで、琉球は中国明朝を中心とした国際体制（冊封《さくほう》・朝貢《ちょうこう》体制）に参入し、日本や中国、東南アジア各地に出向いて中継貿易をおこない、繁栄しました。交易が盛んだった頃の一四五八年に造られた「万国津梁《ばんこくしんりょう》の鐘」の銘文には、琉球が諸外国と親密な関係を築いて「世界の架け橋」となり、国内が非常に繁栄していたことが記されています。

ちなみに沖縄県庁の第一知事応接室の後ろにある屏風には、この「万国津梁の鐘」の銘文が書かれています。

薩摩藩の侵攻と琉球王国の滅亡

第二尚氏王朝七代・尚寧王《しょうねいおう》の時、日本で江戸時代が始まったばかりの一六〇九年、薩摩藩の島津氏によって琉球は武力侵攻されてしまいます。当時、琉球にも軍隊はありましたが、一四二九年の統一以降、戦争の経験がほとんどない琉球軍にとって戦国時代を生き抜いてきた薩摩藩の軍勢は敵う相手ではありませんでした。この侵攻以降、琉球は薩摩藩や江戸幕府の支配下に置かれてしまいますが、明治時代に沖縄県が設置されるまでは独立国としての体裁は保ち、中国との関係もそれまで通り続けていました。

グスク時代から薩摩藩侵攻の一六〇九年までの時代を総称して「古琉球《こりゆうきゆう》」と呼び、一六〇九年から王国滅亡までの一八七九年までを「近世琉球」と呼びます。

近世琉球は日本史の江戸時代（一六〇三〜一八六七）にほぼ相当します。この時代の琉球は日本・中国との交流を通してさまざまな文化が花開きました。また、現在の沖縄文化と呼ばれるものの多くはこの時代に生まれたものです。

時は流れ、一八七〇年代には国を揺るがす大事件が起きます。日本では廃藩置県が終わった一八七二年、明治政府は琉球国王の尚泰《しょうたい》を藩王とし、琉球国を琉球藩とする旨を伝えてきました。この時、琉球側は日本国内での管轄が、薩摩藩から中央の明治政府に移管され、日本側の琉球に対する呼称が変わっただけだと、あまり事態の重大性を把握できていませんでした。

ところが、これは琉球王国を正式に日本へ組み込むための準備だったのです。そして一八七九年、明治政府は軍隊と警察を琉球に派遣し首里城《しゅりじょう》を制圧、一方的に沖縄県を設置しました。この一連のできごとを琉球処分（廃琉置県）と言います。最後の国王となった尚泰は東京へ連行され、華族として暮らしました。これによって統一から四五〇年続いた琉球は完全に消滅し、日本の一部となったのでした。

※本書で「日本」という場合には、琉球が沖縄県になる以前の状態、沖縄や北海道を含んでいない範囲を指すことにします。

琉球史の時代区分

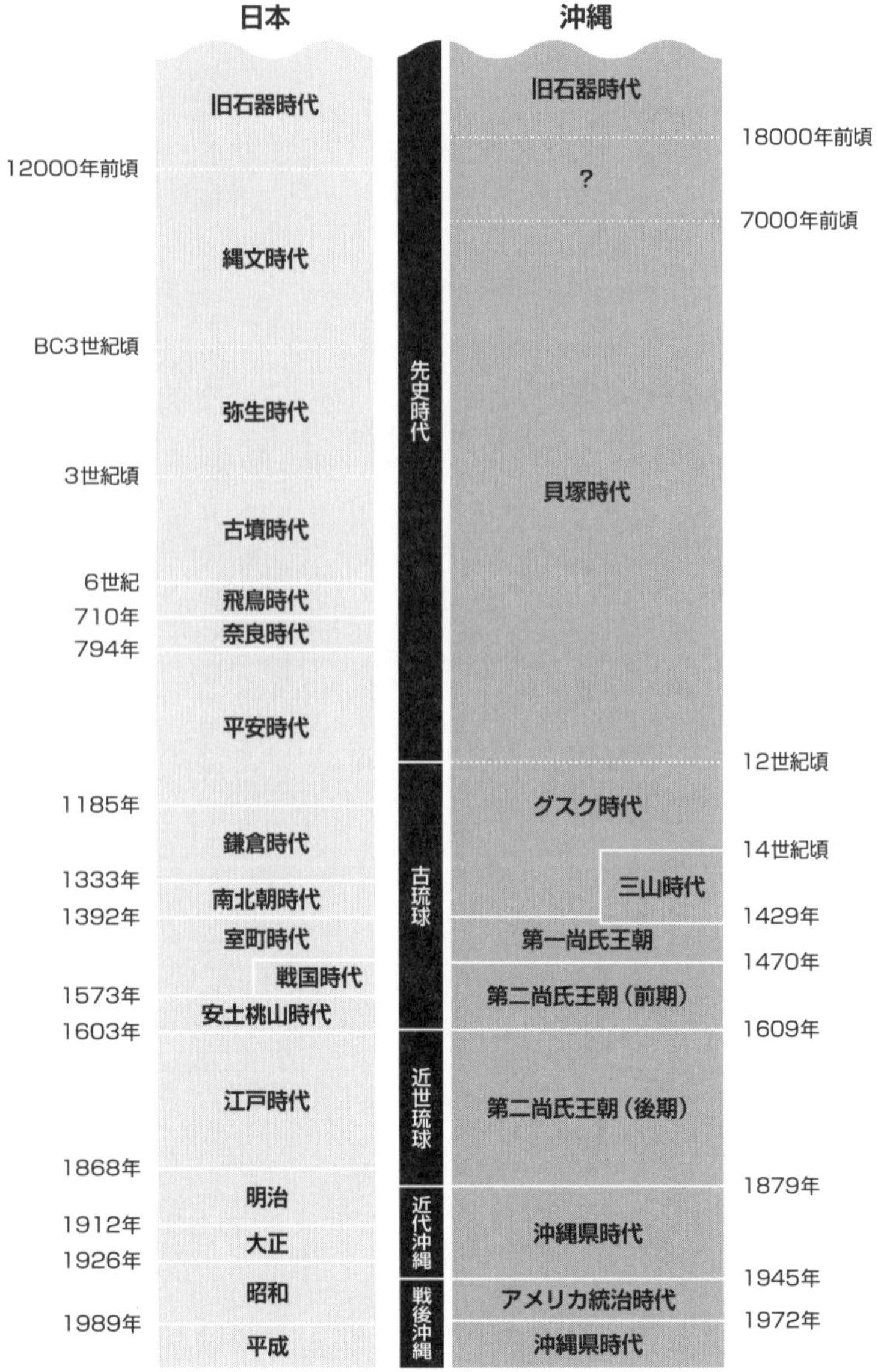
日本
沖縄
旧石器時代
12000年前頃
縄文時代
BC3世紀頃
弥生時代
3世紀頃
古墳時代
6世紀
飛鳥時代
710年
奈良時代
794年
平安時代
1185年
鎌倉時代
1333年
南北朝時代
1392年
室町時代
戦国時代
1573年
安土桃山時代
1603年
江戸時代
1868年
明治
1912年
大正
1926年
昭和
1989年
平成
先史時代
古琉球
近世琉球
近代沖縄
戦後沖縄
旧石器時代
18000年前頃
?
7000年前頃
貝塚時代
12世紀頃
グスク時代
14世紀頃
三山時代
1429年
第一尚氏王朝
1470年
第二尚氏王朝（前期）
1609年
第二尚氏王朝（後期）
1879年
沖縄県時代
1945年
アメリカ統治時代
1972年
沖縄県時代

第1章

王宮・首里城の秘密

王国の首都は那覇でなく首里だった

近世の琉球王国《りゅうきゅうおうこく》の中心となったのが、沖縄島です。沖縄島は南北に細長い島で、中央より南に人口が密集しており、島の南側の西海岸に、首里《しゅり》や那覇《なは》（両方とも現在は那覇市）といった都市がありました。当時、首里や那覇などの都市部は「町方《まちかた》」と呼ばれていました。一方、町方以外の地域は「地方《じかた》」と呼ばれ、「間切《まぎり》」という地方行政区がありました。

どの国にも首都があるように、もちろん琉球王国にも首都がありました。琉球王国の首都として機能していたのが「首里」という都市です（一九五四年に那覇市と合併したため、現在では那覇市の一部）。首里は国王の住む王宮「首里城」を中心とした台地上に広がる城下町で、多くの施設が集中しており、歴代の国王が眠る王家の墓「玉陵《たまうどぅん》」や国王の跡継ぎが住む「中城御殿《なかぐすくうどぅん》」などの王家に関係する施設が首里にありました。また、琉球王国の政府である「首里王府」の機関、そこで働く人々の屋敷、さらには市場やお寺など、まさに琉球最大の都市として賑わっていました。

都として賑わった首里ですが、内陸部の台地上にあったため海に面しておらず、港がありませんでした。港があったのは首里城から約五キロメートルの近い距離にある「那覇」という都市でした。現在、沖縄県の県庁所在地である那覇のルーツは港町だったのです。では、琉球王国時代の那覇はどのような都市だったのでしょうか。

かつて那覇は「浮島《うきしま》」と呼ばれた独立した島で、沖縄島とは人工の海中道路（海を埋め立てて造られた道路）で結ばれていました。当時の那覇は西村《にしむら》・東村《ひがしむら》・泉崎村《いずみざきむら》・若狭町村《わかさまちむら》の四つの村があり、四つあわせて「那覇四町《なはよまち》」とも呼びました。

那覇の南端には大型の船も寄港することができる那覇港があり、琉球王国の玄関口となり、商業都市としても発展しました。さらには首里王府の各機関や薩摩藩《さつまはん》のお侍さんが駐在する在番奉行所（御仮屋《うかりや》とも言います）も那覇にありました。

それ以外にも、泊村《とまりむら》、久米村《くめむら》という町方がありました。それぞれ、那覇に隣接しています。これら町方は、現在ではすべて那覇市内に含まれています。

では、地方はどうだったのでしょうか。地方には山あり谷ありの自然が広がり、その自然が広がる地域にポツポツと「村」が点在していました。首里や那覇の中にある都市部の村とは違い、田んぼや畑に囲まれた農村でした。そして、これらの村をいくつかまとめて「間切」という行政区が設定されていました。たとえば、現在の沖縄島には宜野湾市《ぎのわんし》・南風原町《はえばるちょう》・大宜味村《おおぎみそん》などの市町村がありますが、琉球王国時代は宜野湾間切、南風原間切、大宜味間切という行政区になっていました。

また、沖縄島以外には「島」という行政区もありました。たとえば「八重山島《やえやまじま》」という行政区がありますが、これは「八重山島」という名称の島を指しているのではなく、「石垣島《いしがきじま》」「西表島《いりおもてじま》」などの島が含まれる行政区の名前です。その「八重山島」の中に石垣間切や宮良間切《みやらまぎり》などの間切が属していました。

県の人口より観光客が多い首里城

沖縄の観光ガイドブックを見てみると、必ずと言っていいほど「首里城」が載っています。沖縄旅行の行き先としてまさに定番であり、読者の中にも「旅行で行ったことあるよ！」という人も多いのではないでしょうか。

沖縄県の統計情報を見ると首里城を訪れる観光客はなんと年間二〇〇万人以上（無料区域を含みます）。沖縄県の人口が約一四〇万人（二〇一二年四月現在）なので、県の人口よりも多くの観光客が毎年首里城を訪れていることになります。日本全国にも観光地として人気のお城がたくさんありますが、これだけの観光客が訪れるお城は全国でも数えるほどしかありません。

日本のお城を紹介した本やホームページなどを見ると、よく紹介されているのが築城年と築城者ですが、実は、首里城は築城年・築城者ともにはっきりわかっていません。発掘調査によると、少なくとも一三〇〇年代末にはすでにグスク（城）として機能していたことがわかっており、一四二七年には首里城のそばにある龍潭《りゅうたん》という人工池を造成したことが記録されていますので、この時には首里城の王宮としての姿が整っていたのは確実です。

また、首里城は琉球最大のグスクで、面積が約四万七〇〇〇平方メートル、東京ドーム約一個分の大きさです。城郭は複雑に入り組んでいて、大きく分けると内郭と外郭の二つに分かれます。中心部分は正殿というひときわ大きな建物で、周りに王宮を構成する建物が並んでいます。

築かれた年代こそはっきりしていませんが、一四〇〇年代以降は、ずっと王宮として使われ、規模もどんどん拡張されていき、四五〇年にわたって琉球王国の中心であり続けたのです。

首里城のカタチ

さて、首里城を訪れた観光客がまず驚くのが、ウネウネと曲がりくねった城壁でしょう。日本のお城が直線的な城壁を持つのに対し、首里城は曲線で構成された城壁になっています。

なぜこのような曲線になっているか、いろいろな説がありはっきりとはわかっていません。たとえば、台風の多い地域ですので強風に耐えるために曲がりくねっているという説や、琉球人は角を嫌ったので曲がりくねっているという話もあります。

実は首里城だけでなく、今帰仁《なきじん》グスクや座喜味《ざきみ》グスクなどの他のグスクもこのような曲線で構成された城壁になっています。曲がりくねった城壁はどこか神秘的な美しさを感じます。

石垣の材質は琉球石灰岩というサンゴが堆積してできた石を使っています。この石は比較的やわらかく加工が容易なので、美しい曲線を表現することが可能でした。こうしたことも、琉球のグスクの城壁が曲線であることの一つの理由と言えるでしょう。

さて、城壁の他に観光客が驚くのが「朱色」という点です。日本のお城の多くが白や黒などのモノトーンですが、首里城内の建物の多くは朱色の外壁です。これらの朱色は漆《うるし》塗り。首里城は巨大な漆の美術品とも言えるのです。

さらに、屋根にふかれているのは琉球独特の赤瓦《あかがわら》。そのため、真紅のとても色鮮やかなグスクとなっています。もしかしたら「全然、日本のお城っぽくない！」と思う方もいるかもしれません。それもそのはず、首里城は日本とは異なる琉球王国の王宮なのですから。

首里城の3つのエリア

もう少しくわしく首里城内の様子を見てみましょう。首里城は高台（最も高い場所で標高一三六メートル）を利用し、それを取り囲むようにして石垣が築かれています。そして、その石垣に囲まれたエリアは大きく三つに分けることができます。

まず、一つ目のエリアが政治をおこなう「表」の世界です。ここのエリアに首里城の中心となる「正《せい》殿《でん》」という建物があります。みなさんが首里城と聞いて真っ先にイメージする建物があると思いますが、その建物が正殿です。いろいろなメディアで首里城が紹介される時、必ずと言っていいほど正殿が登場するので一度は目にしたことがあるかと思います。

二つ目のエリアが正殿から後ろに広がる、国王のプライベートエリア「御内原《うーちばら》」と呼ばれた「裏」の世界です。江戸城の大奥のような場所です。ここでは国王と王妃《おうひ》、それに仕える女官たちが生活しており、国王以外の男性は立ち入ることはできません。もし入った場合は「一世流《いっせいる》刑《けい》」つまり島流しにされて一生帰ることができないという厳しい罰を受けます。侵入を許した門番も同罪です。

そして、三つ目のエリアが祭祀行事のおこなわれる「京《きょう》の内《うち》」と呼ばれるエリアです。ここは首里城の中で最も神聖なエリアになっていました。

表と裏の共同スペース、首里城「正殿」

首里城の中心的な建物・正殿は、正式名称を「百浦添御殿《ももうらそえうどぅん》」といいます。その意味は「たくさんの浦々を支配する御殿」。琉球全土を統治する王の宮殿を象徴する名前です。この琉球のグスク（城）には、日本のお城によく見られる天守閣がありません。首里城の中心、正殿は二層三階の建物なのです。

アジア各地の城を見ると、首里城正殿は中国の紫禁城《しきんじょう》や韓国の景福宮《キョンボックン》、ベトナムのフエの王宮とよく似た造りです。つまり日本本土と沖縄という比較で見ると珍しい琉球の城も、アジアというくくりで見るとスタンダードで、実は日本本土の城のほうが珍しいということになるのです。

建物は中国の宮殿建築の様式をベースにしていますが、中央の突き出た軒先の部分は「唐破風《からはふ》」という日本の建築様式で日光の東照宮にも見ることができます。それだけではなく、琉球独特の様式もあります。正面階段はハの字状に広がっていますが、これは他の地域には見られません。狭い場所を広く見せる遠近法の視覚効果を狙ったようです。また階段の左右に取り付けられた石製の龍の柱も、龍の姿そのものを柱にしてしまうというのは例がありません。

また正殿は沖縄県で最大の木造建築となっています。実際に使われていたのは二階までで、三階は風通しのための屋根裏部屋のような感じです。一階（下庫理《しちゃぐい》）は王府の政治や儀式がおこなわれたスペースで、中央の大広間には玉座（御差床《うさすか》）があります。ここは男性のいる「表」の世界です。

二階部分（大庫理《うふぐい》）は御内原と連結されていて、基本的に男性が立ち入ることのできない女性の「奥」の世界です。身分の高い女性や女官たちがここを管理していました。二階の中央の部屋には一階と同じく玉座がありますが、こちらのほうは仏教の須弥壇《しゅみだん》に似た壇、黒漆に沈金の唐草模様がほどこされた欄干《らんかん》（手すり）、金の龍柱は朱漆に金の龍と五色の雲、と非常に豪華な造りです。

この玉座、下の台の彫刻をよく見ると、なんとブドウとリスが！　王国の中枢がなぜこのようなかわいいデザインになっているのでしょう。実は、ブドウとリスは子孫繁栄を意味する吉祥文様なのです。また上を見ると、三つの大きな扁額《へんがく》が掛けられています。これは中国皇帝の直筆の書を扁額に仕立てたものです。王国の中枢に皇帝の書があるということは、琉球と中国が大変親密な関係にあったことをうかがわせるものです。

おもしろい名前の部屋もあります。二階の奥にある「おせんみこちゃ」。なんのこっちゃ、という感じですが、ここは拝みをする部屋になります。この部屋には「御床」という祭壇があって、香炉が置かれています。祭壇には「火の神（ヒヌカン）」という神様をまつっていました。火の神は沖縄ではメジャーな存在で、現在でも各家庭の台所にまつられる神様です。おせんみこちゃでは毎朝、女官とともに国王みずからも拝みを捧げていました。

ちなみに正殿は重要な儀式がおこなわれる際などに使われ、国王が日常的にここに住んでいるわけではありませんでした。通常はほとんど人がいなかったわけですが、現在では年間二〇〇万人以上の人がこの正殿を訪れ、一年中正殿の中を人々が通っています。王国時代の人たちが見たらビックリするはずですね。

政治の現場、北殿・南殿

首里城正殿の左右にある建物は北殿《ほくでん》・南殿《なんでん》と言います。

北殿は一階平屋建ての建物ですが、ここが本当の王国の中枢、政治の最高指揮所です。現在で言う内閣にあたる「評定所《ひょうじょうしょ》」という機関が置かれた場所で、三司官《さんしかん》（三人制の総理大臣）や表十五人《おもてじゅうごにん》と呼ばれる各機関の長官・次官が集まり、政治案件を協議したりしていました。

また、ここには内閣官房にあたる評定所筆者《ひょうじょうしょひっしゃ》たちも詰めていて、行政文書や外交文書などを作成していました。彼らは科試《こうし》という超難関の試験に合格したトップエリートたち。王国の政治はここでコントロールされていたのです。評定所筆者は、国内向けの通達文書担当、薩摩《さつま》向けの文書担当、中国向けの文書担当、と分かれていました。

北殿の役割はそれだけではありません。国王を任命するために訪れる中国の使者「冊封使《さくほうし》」を接待するためにも使われたのです。北殿の前に仮設の舞台を作って、ここで組踊《くみおどり》などの芸能が使者に披露されました。つまり北殿は内閣と迎賓館の役割を果たしたわけです。

ちなみに一八五三年にアメリカのペリーの一行が首里城を訪問した際、彼らを迎えた場所もここです。

一方の南殿は北殿の向かい側に位置し、二階建てで、北殿や正殿、御庭《うなー》の広場空間に入るための奉神門《ほうしんもん》と違って、色が塗られていません。これは塗り忘れではなく、もともと塗られていない建物なのです。こちらは日本の書院造りの建物で白木造りを模しています。南殿は、日本風の儀式がおこなわれたり、薩摩の役人の接待に使用した場所です。内部には床の間もあり、薩摩役人が来た際には様々な飾り付けをおこなって、彼らをもてなしていました。

南殿に隣接するのが番所《ばんじょ》で、首里城中枢部の御庭に入ってくる人たちの窓口となっていた建物。現在でも有料地域の建物の入り口として使われています。

このように正殿の左右には中国の使者を迎える中国風の北殿、日本（薩摩）の使者を迎える日本風の南殿が相対していたわけです。そして正殿は日本と中国の様式をミックスした建築。日本と中国という大国の狭間で生きる琉球の国のあり方を、王国の中枢が見事に象徴していると言えるのではないでしょうか。

正殿前の広場はなぜストライプ模様なの？

首里城の正殿前には広場があり、この広場を御庭と呼びます。この御庭が中心となってその周りに正殿・北殿・南殿・奉神門が配置されています。この御庭には、赤と白のストライプ模様が描かれています。首里城を観光で訪れた方にとって印象深いポイントのひとつではないでしょうか。

ストライプ模様の赤い部分には「磚《せん》」と呼ばれる赤い敷瓦《しきがわら》が使われていて、見た目は近代的なタイルと

首里城の御庭の配置図

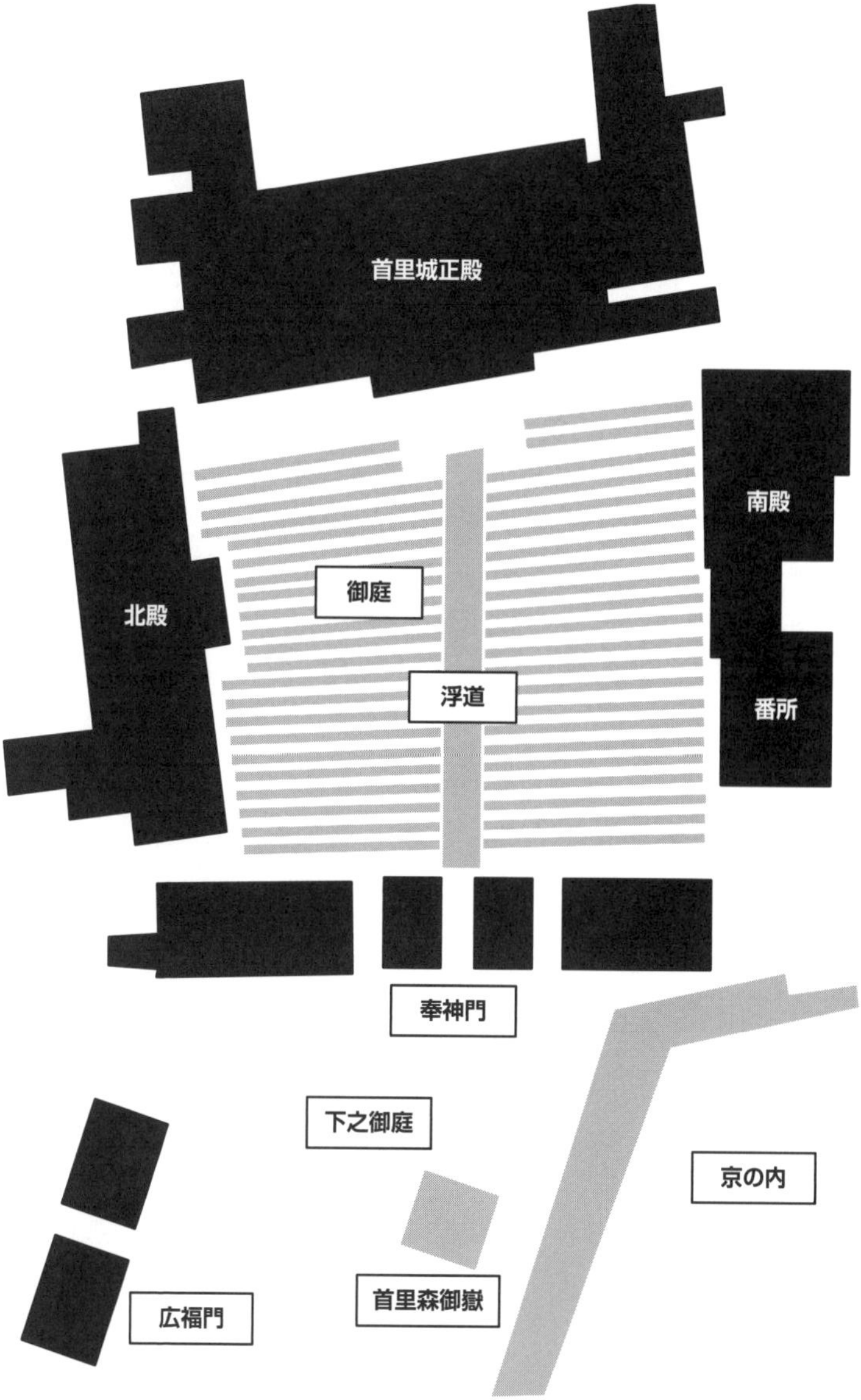
首里城正殿
北殿
南殿
御庭
浮道
番所
奉神門
下之御庭
京の内
首里森御嶽
広福門

同じです。ところで、なぜ磚を敷いた場所と敷いていない場所をつくってストライプ模様にしたのでしょうか。見た目の問題？　それとも経費削減？　いいえ、もっと別の理由があるんです。

「バミリ」というものをご存じでしょうか。音楽のライブや演劇などのステージで、出演者の立ち位置やマイクを置く位置の目安として、ビニールテープなどで印を付けたものを業界用語でバミリと言うのですが、御庭のストライプ模様は実はこのバミリの役割を持っていました。御庭はさまざまな儀式をする会場で、たとえば正月の儀式や、国王を任命するための冊封儀式などもおこなわれました。その時に、このストライプ模様を基準にして道具を配置したり、役人たちの立ち位置（座り位置）を決めていました。今、もし御庭でライブイベントをするのであれば、新しいバミリを設定する必要はないのかもしれませんね。

御庭のストライプ模様の中央部、奉神門の中央から正殿の中央にかけて、他のストライプよりやや太めの道が通っています。これは「浮道《うきみち》」と呼ばれるもので、国王や中国皇帝の使者である冊封使など、限られた人しか通ることが許されていませんでした。復元された現在の浮道はバリアフリーのため低く作られていますが、当時は今のものより一五センチほど高く、文字通り「浮いた道」となっていました。

ところでこの浮道、正殿と直角ではなく、斜めに接続しています。実際に御庭にいても気づきにくいかもしれませんが、上空から撮影した写真などを見ると、斜めになっていることがはっきりとわかります。実は御庭自体、綺麗な四角形をしているわけではなく、平行四辺形のような形をしています。

この浮道、最初から斜めだったわけではなく、王国時代に何度か再建された後に斜めになったことが発掘調査によって判明しています。浮道の延長線上に「首里森御嶽《すいむいうたき》」という聖地がありますが、正殿と聖地とを一直線で結ぶために斜めにしたのではないかという説や、浮道が東西の方向に延びていることから、風水思想でこの方向にしたのではないかなど、いろいろな説が出ており、まさに歴史ミステリーと言った感じです。今のところ、どの説も信憑性がありますし、どれが正しいと言うことはできませんが、今後の研究によって、答えが出る日が来るかもしれません。

「御内原」は琉球版・大奥

江戸城にあった大奥は、徳川家の女性やそこで働く女中たちの生活の場であると同時に将軍のプライベートエリアでもあり、これまでも数多くのドラマや映画の舞台としてドラマチックに描かれてきました。この大奥と同じようなものが、首里城にもありました。それが、正殿の後方一帯にある「御内原」です。「御内原」と書いて琉球語では「ウーチバラ」と読みますが、首里の言葉で「～側」と言うのを「～ハラ」と言うので、「ウーチバラ」は「内側」という意味ではないかとも考えられています。政治をおこなう場である「表」の世界に対して、王家の「内（奥）」の世界でした。

御内原には国王の配偶者である王妃・王夫人《おうふじん》・王妻《おうさい》たちが住んでいました。また結婚前の王女《おうじょ》（国王の娘）、国母《こくぼ》（国王の母）、国祖母《こくそぼ》（国王の祖母）といった家族、もちろん国王や独立前の王子なども住んでいました。

国王の正室である王妃は上級士族の良家から選ばれました。王妃のことを、御妃（ウフィー）やウナジャラ、また、佐敷《さしき》間切（現・南城市）を領地として頂いていたことから佐敷按司加那志《さしきあじがなし》とも呼びました。

琉球の国王は徳川将軍と同じく一夫多妻制で、正室である王妃のほかに側室となる王夫人（士族出身）や王妻（庶民出身）が数人いました。

もちろん妻の数は国王によって違っており、生涯を通じ王妃のみで、夫人も妻も迎えなかった国王（尚敬王《しょうけいおう》）もいますし、夫人二人に妻八人、王妃も合わせてなんと一一人（！）もいた国王（尚灝王《しょうこうおう》）もいます。配偶者がたくさんいるのは王家の血を絶やさないためでした。当時は子どもが幼いうちに亡くなることもしばしば。たとえば最後の国王となった尚泰王《しょうたいおう》は尚育王《しょういくおう》の次男で、長男に尚濬《しょうしゅん》という王子がいたものの彼が一三歳で死んでしまったため、代わりに王位に就くことになりました。子づくりをして王家の血を絶やさないことも国王の重要な仕事だったわけです。

女官は女性のエリート職

御内原には、地方出身の女性から選ばれた国王のお世話をする「城人《ぐすくんちゅ》」と呼ばれる百姓身分の女官、そして、王妃や王夫人など王家の女性のお世話をする御側《うすばぐ》御奉公《ふーくー》（士族身分の女性から選ばれる）、さらには幼い王子や王女などのお世話をする乳母など、実にたくさんの女性たちが働いていました。

女性たちが「城人」に選ばれると城内に住み込み、先輩の女官たちから王宮での生活や礼儀作法などを叩き込まれました。礼儀作法などとても厳しい世界だったようです。「あがま」「あねべ」と呼ばれる下級の女官から始まり、城内の生活や礼儀作法を覚えたものは阿母志良礼《あむしられ》に昇進しました。それまでには最低

御内原の女官組織図

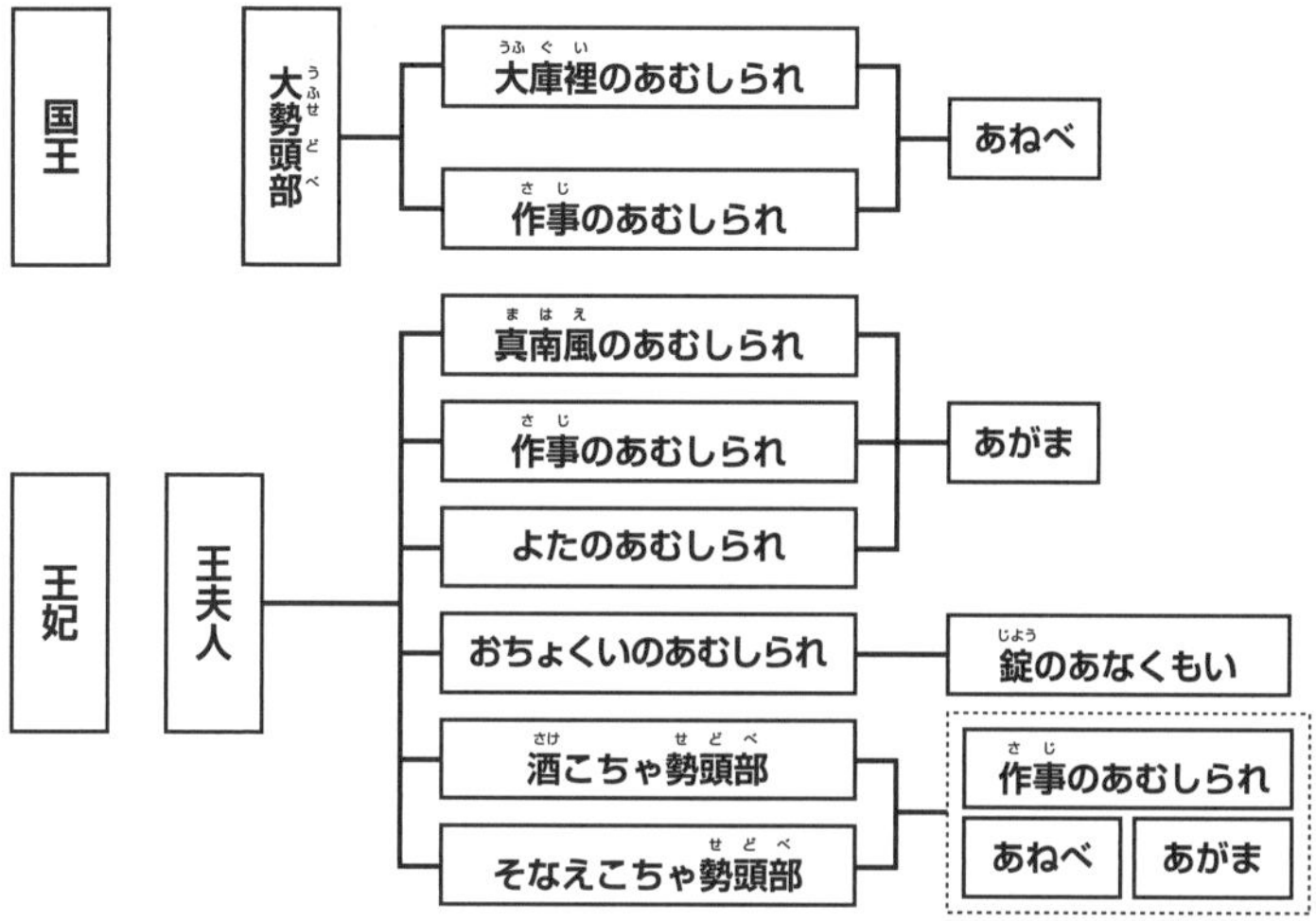

三年はかかったと言います。阿母志良礼になると国王の側まで行くことができました。

その上には勢頭部《せどべ》がいて、さらに勢頭部の中でも才色兼備の者が女官のトップとなる大勢頭部《うふせどべ》になりました。大勢頭部は三人いて、女官における三司官（三人制の総理大臣）と言えるポジションでした。彼女たちの主な仕事は国王の食事の配膳やチェック、城内での祭祀行事など。あるいは御内原の財政や運営に関することも彼女たちが担っていました。また、国王への表の世界（王府）の業務の取り次ぎもおこなっていました。

基本的に御内原に働く女性たちは城内に住み込みですが、毎日仕事をしているわけではなく、休みの日もあったようです。さらに願い出によって城外に出たり、退職し帰郷したりすることもできたそうです。

御内原で国王のお世話をする女官たちの中には、国王に気に入られて王妻になるものもありました。

そうすると女官の実家は士族身分になることができ、たいへん名誉なことでした。
なお琉球には、去勢した男性の「宦官《かんがん》」の制度はありませんでした。

鈴で呼ばれた女官たち

テレビの時代劇では「と、殿ーっ！」と家臣が叫びながら、火急の用でお殿さまが眠っている部屋に駆け込むシーンをしばしば見ることがあります。では、もし御内原にいる国王に急な用事があった場合、どうしていたのでしょうか。

首里城南殿の東側にある御近習詰所《ごきんじゅうつめしょ》（表の政治の世界）という建物と、御内原にある黄金御殿《くがにうどぅん》は建物でつながっていて、その間には「鈴引之間《すずひきのま》」と呼ばれる部屋がありました。この鈴引之間には天井からヒモがぶら下がっていて、これを引っぱると御内原にある大鈴が鳴るようになっていました。そう、ここは今で言うとインターホンの役割をしていた部屋です。国王に用がある役人が鈴を鳴らすと女官が出てきて要件を聞き、それを女官の大勢頭部に伝え、大勢頭部から国王に伝えられました。時には直接、大勢頭部が出てくることもあったそうです。

大勢頭部は常に国王の側にいるので、役人として彼女に嫌われてしまっては大変。もしかしたら自分に対する国王の評価まで下がってしまうかもしれません。大勢頭部と顔を合わすことのある役人たちは、普段から彼女たちに気を遣っていたかもしれませんね。

ところで、ヒモを引く側からすれば誰が出てくるかわからないというのは、ドキドキだったのではないでしょうか。「はぁ……苦手なあの大勢頭部が出てきたらどうしよう……」なんて役人もいたかもしれません。

男子禁制のエリア

御内原は原則として男子禁制の女性の空間でした。許可のない男性が侵入しようものなら大事件。侵入した場合、厳しい刑罰を覚悟しなければなりませんでした。同時に、御内原への侵入を許してしまった門番も責任を問われ、罰せられたと言います。

とは言え、男性が一切御内原に入れなかったわけではありません。御内原内の建物を改修する際にはやはり男性の改修奉行や大工が立ち入ったことでしょうし、特別な役割を持つ場合には許可されていたようですが、御内原というプライベート空間に入る人間は管理・統制されていたわけです。

そのため御内原の女性が男性を見る機会はほとんどありませんでした。ですから特別な用事で男性が御内原に入ることがあれば、女性たちの間ではその話題でもちきりだったことでしょう。逆に、御内原に入った男性も友人たちから「どうだった？」と質問攻めにあったのではないでしょうか。

さて、首里城北側に御内原の入り口となる淑順門《しゅくじゅんもん》がありますが、この一帯は高い場所にあり、ここの城壁からは周囲を一望することができました。その眺めの中には円覚寺があります。かつての御内原の女性たちも城から円覚寺を眺めていたことでしょう。この淑順門と円覚寺をテーマに次のような琉歌が残されています。

マモノザナ登《ぬぶ》て　円覚寺《えんかくじ》見《み》れば　隠《かく》れ墨坊《すみぼ》さが　手巾《ていさじ》ちやげな

大意：淑順門付近の物見台に登って円覚寺を見ると、墨色の衣を着たお坊さんがティサージ（手ぬぐい）を振っている。

女性だけの空間で過ごしていた御内原の人々。一方、円覚寺のお坊さんも男性だけの空間。御内原と円覚寺、お互い似たような境遇ですので何か通じるものがあったのかもしれません。首里城を訪れた際にはぜひ、御内原の出入り口である淑順門あたりから円覚寺を見下ろして、ティサージを振っているお坊さんを想像してみてください。女官たちの気持ちが少しわかるかもしれませんよ。

王妃も女官も御内原で内職!?

御内原の中では、王妃や王女たちは身の回りのお世話をする女官たちを従え、セレブのような一日を過ごしていた……と思いきや、実は暇があれば内職をしていました。その仕事とはなんと糸紡ぎ。優雅に見える王妃や王女たちが糸紡ぎなんて、まったく想像ができないですよね。でも、王妃から女官まで、御内原の女性たちは全員、糸を紡いでいたのです。

首里城の裏口にあたる継世門《けいせいもん》の近くには苧《からむし》（苧麻《ちょま》の原料）が植えられており、そこから幹を切り出す係・繊維を取る係・糸を紡ぐ係・織る係など担当が決まっていて、御内原全体で苧麻・芭蕉布《ばしょうふ》・絹・木綿などを生産していました。色染めなどの難しい仕事は城外の職人に頼んでいたようですが、それ以外は城内でおこなっていました。まさに家内制手工業。御内原は「織物制作工房」としての一面も持っていたのです。

さらに、王妃を訪ねてきた実家の家族や、三司官や高級官僚の夫人たちが訪ねてきた際、それらの来客にも糸紡ぎ道具が配られ、談笑する中、みんなで糸を紡いでいたそうです。これら御内原で生産された織物は王家や御内原の女性たちに支給されていました。御内原の女性たちは豪華絢爛な衣裳を身にまとっていましたが、その一部はハンドメイドだったわけです。

御内原をゆるがした女官の事件

女官組織の末端にいた「あねべ」「あがま」という女官は、身分の高い士族ではなく、首里周辺の農村から選ばれた一般の女性でした。彼女らは一定の期間首里城へ勤めて、やがて故郷の農村に帰っていきました。その後はまた元通り、一般の女性として一生を送ったのです。彼女たちは華やかな首里城での思い出話を家族や友人、村の人々に語ったことでしょう。絶対的な権力者の住む首里城は、意外にも一般庶民にとって身近な存在だったのです。
女官を務めた女性が歌ったと思われる琉歌も残されています。

形見《かたみ》なる小袖《くすでぃ》　いらぬものさらめ　見《み》る目数《みかじ》ごとに　思《うみ》どまさる

大意：首里城で生活していた時代の形見の小袖は、いっそのこと無いほうがよい。これを見るたびに昔のことが思い出されるばかりだ。

彼女らの中には、貧しい家庭ゆえに女官となった者もいました。女官になると王府より故郷の家族へ「身代米《みのしろまい》」が支給されたのです。たとえば王国末期の女官、「我謝《がじゃ》あねべ」と「玉那覇《たまなは》あねべ」もそのような経緯で女官になった女性たちでした。

我謝あねべは西原《にしはら》間切我謝村《がじゃむら》（現・西原町我謝）の農民「かめ宮平《みやひら》」の妹でした。一家や親類は年貢も払えない貧困の状態で、「身代米」と引き換えに首里城へ奉公することになったのです。玉那覇あねべは南風原《はえばる》間切津嘉山村《つかざんむら》（現・南風原町津嘉山）の出身で、父親が寝たきりの貧しい家庭でした。この頃、一九世紀の琉球は天災などで農村が荒廃し、彼女らのような貧しい家庭は決して珍しくありませんでした。

彼女たちは首里城の大台所《うふでーじゅ》で働いていましたが、一八五六年のある日、会計帳簿をチェックしていた役人が手続き上のミスを見つけます。女官たちへの給与が実際の勤務よりも多く支払われていたのです。これは会計責任者の過失だったわけですが、ここから我謝あねべ・玉那覇あねべがその超過分の給与を黙って着服していた事実が発覚してしまいます。

王府はただちに彼女らをクビにし、故郷の家族らに支払った「身代米」七石（現代のお金に換算して約一八九万円）の返還も要求します。しかし、もともと貧しい家族に米を返すあてはありません。現物の米ではなく代金で納める場合の額は五〇〇〇貫文（約四七六万円）で、余計に支払わなくてはいけませんでした。米が用意できない彼女らの家族・兄弟は身売りをし、家財道具を売り払い、借金までして「身代米」分の金を捻出し、王府に返還したのです。我謝あねべ・玉那覇あねべの不正が、一家離散とさらなる借金地獄という悲惨な結果を招いてしまったようです。

もしかしたら彼女たちは故郷の貧しい家庭を少しでも助けるために、悪いこととは知りながら着服していたのかもしれません。首里城での勤めを終えてたくさんの報酬を故郷へ持ち帰り、両親や家族の喜ぶ顔が見たかっただけなのではないでしょうか。琉球でもっとも華麗だった御内原の世界……その陰には庶民女性たちの悲しい物語も存在していたわけです。

自然が残されたナゾのエリア「京の内」

首里城内の西南部分には建物がなく、樹木に覆われている「京の内」と呼ばれるエリアがあります。城壁の内側にあるにもかかわらず、なぜ自然が残されているのか……実はある理由から人為的に自然が残されているのです。

京の内を説明する前に、古くから琉球に伝わる「御嶽《うたき》」というものについてお話ししなければなりません。

琉球の村々には御嶽と呼ばれる空間がありました（名称は地域によって多少異なります）。御嶽は村の聖域であり、村に住む人々の信仰の場となっていましたが、実は御嶽には、神殿や神様の像などは何もありませんでした。自然そのままの森一帯が御嶽となっていたのです。かの芸術家・岡本太郎が沖縄の御嶽を見て、「何もないことの眩暈《めまい》」と表現したのは有名です（『沖縄文化論』）。

その信仰の担い手となっていたのが、ノロと呼ばれる神女（女性の神官）でした。沖縄には古くから「オナリ神信仰」という女性の霊的信仰があって、琉球の神々のご託宣やその霊力を受け取り、現実の世界でこれを発揮できるのは女性と考えられていました。そのため神々に接するのは女性が担当していたのです。ノロは村々に配置されていて、王国は彼女らをたばねる神女組織を備えていました。そしてその頂点に立っていたのが、王族女性が就く「聞得大君《きこえおおぎみ》」です。

彼女たちノロは御嶽で五穀豊穣や航海安全、国家安寧などを祈願していました。なお、御嶽にはノロをはじめとする女性しか立ち入ることができず、男性は入ることを許されませんでした。

御嶽に立派な建物を建てて整備することも当然できたはずです。しかし、琉球の人々にとっては何もない空間こそが神を迎える神聖な場所であり、大切にしてきた地だったのです。

首里城にある10の御嶽

さて、話を首里城に戻しましょう。村々にあった御嶽は、実は首里城内にもありました。しかも一〇ヵ所もあり、そのうちの半分が同じエリアに集中していました。それが首里城内で最も神聖な場所・京の内です。もともとは京の内の場所こそが古い時期の首里城の全範囲で、建物を増築していく中で「京の内」として聖なる空間に特化していったのではないか、という説もあります。

その一〇ヵ所の御嶽の名前は古文書などによってすべてわかっているのですが、それらが城内のどの御嶽を指しているのかはよくわかっていません。現在、名前と場所が両方ともわかっているのはごくわずかしかないのです。

そのうち、復元も完了している御嶽を紹介しましょう。まずは「首里森御嶽」。首里城を訪れる観光客にとって、最も目につく御嶽と言えるでしょう。この御嶽は奉神門の手前、下之御《しちゃぬう》庭《なー》にあります。チケット売り場から有料エリアに行く間にあるので、首里城を訪れたら必ず目に入ります。

御嶽は石垣で囲まれた小さな空間になっています。石垣に囲まれた自然がポツンと残されているので、何も知らずに見ると「なんじゃこりゃ」と不思議に思う方も多いかもしれません。でも、これもれっきとした御嶽で神聖な場所なのです。この御嶽も、もともとは一面を樹木に覆われた御嶽だったことでしょう。ところが時代を経て、首里城が増築されていくのにともないどこまでが御嶽なのか境界を作る必要性が生じました。そのため、石垣で囲ったと考えられています。このようなタイプの御嶽は首里城以外にも都市部を中心にいくつかあります。このような首里城内の各御嶽で、聞得大君をはじめとする高級神女たちが祭祀をおこなっていたのです。

首里森御嶽は、琉球の創世神話にも登場しています。琉球の島々を創ったとされるアマミキヨという神様が、土・石・草・木を天から持ち下り、最初に創った七つの御嶽の中に首里森御嶽が含まれています。首里城内でもたいへん神聖な場所だということがわかります。

首里城の門あれこれ

沖縄のシンボル・守礼門

首里城へ入る前の通りには、「守礼門《しゅれいもん》」と呼ばれる門が建っています。このタイプの門は「牌坊《はいぼう》」と呼ばれる中国がルーツの飾りの門です。牌坊タイプの門は横浜や神戸の中華街にも見ることができます。最近ではあまり見かけることはなくなりましたが、二〇〇〇円札紙幣のデザインとなったことでも知られます。

建てられたのは一六世紀ですが、実はそれより一〇〇年前に、守礼門の場所から約五〇〇メートル手前に「中山門《ちゅうざんもん》」というまったく同じ形の門が建てられていて、守礼門はこの門のいわばコピーになります。守礼門が首里城第一の門と思われることが多いのですが、実は中山門こそ第一の門なのです。

守礼門は当初、「待賢《たいけん》」や「首里」と書かれた扁額が掲げられていたため「待賢門」などと呼ばれましたが、後に「守礼之《しゅれいの》邦《くに》」と書かれた扁額が掲げられたことから、「守礼門」と呼ばれるようになりました。

「守礼之邦」とは「礼節を守る邦」という意味ですが、これは単に「マナーを守る」という意味ではなく、儒教で言う「礼」を守るということ。つまり中国に向けたアピールの意味があったのです。当初、「守礼之邦」の額は中国の冊封使が来た時だけに掛けていて、彼らが帰ると額を外していました。なお一八五三年にアメリカのペリーが首里城を訪問した時にはこの額を外し「中山府」という額に換えていたことが当時のスケッチからうかがえます。

守礼門は一九三三年に国宝に指定されますが、残念ながら戦争で焼失してしまいました。現在の守礼門は一九五八年に復元されたものです。守礼門は観光名所として県外に広く知られ、沖縄のシンボルとなっています。

戦前の守礼門　那覇市歴史博物館提供

「龍の泉」のある瑞泉門

守礼門を通り過ぎ首里城正門の「歓会門《かんかいもん》」を抜けると、なだらかな階段の上に「瑞泉門《ずいせんもん》」という櫓形式《やぐらけいしき》の門が見えます。

この門の脇には「龍樋《りゅうひ》」と呼ばれる湧き水があって、瑞泉門の名前の由来になっています。彫刻された石の龍の口から流れ出ている水は琉球一の名水として有名で、当時城内の飲料水に使われたのはもちろん、那覇に滞在していた冊封使のために、毎日この水をわざわざ那覇まで運んでいたと言われています。その量は一日およそ二〇〇リットル。一升瓶にすると約一一〇本分となります。冊封使は約半年滞在していますから、半年間も毎日これだけの量を運んでいたのです。

龍樋の水を飲んだ冊封使たちがこれを称賛した言葉が石碑となって門の前に建てられています。たとえば「中山第一」という石碑、「中山（琉球の別名）で一番（の水）」という意味です。龍樋の源泉は、実は地中深くにあり、水の湧き出ている龍の口の奥は、奥行き三〇メートルの洞窟になっています。その奥から瓦の樋《とい》を引いて、水を導いているのです。

建物が門になっている広福門・奉神門

城内の中心に近いところに広福門《こうふくもん》があります。この門の特徴は、門が建物と一体型になっていることです。いえ、門そのものが建物になっていると言ったほうがわかりやすいでしょうか。

中央には通路があり両側は建物として機能していました。門に向かって左側に「大与座《おおくみざ》」、右側に「寺《じ》社座《しゃざ》」という役所が入っていましたが、現在はチケット売り場やトイレとして使用されています。

広福門の次には最後の門「奉神門」があります。この門をくぐると首里城の中心部である御庭になります。奉神とは「神を敬う」という意味です。この門も建物と一体型の門で、かつて薬や茶などの管理や出し入れをおこなった「納殿《なでん》」という役所や、儀式の際に使う「君誇《きみほこり》」という部屋がありました。

奉神門の特徴は何と言っても横に長いこと。巨大な門としては奈良県の東大寺南大門などがありますが、奉神門のほうがより長い幅です。また、奉神門には三つの通路があり、中央の大きな通路は国王や冊封使しか通れない「開かずの門」で、普段は木の柵が置かれていました。王府の役人は両脇の門から出入りすることが定められていたのです。中央の門から正殿へと延びる「浮道」は横切ることが禁じられていたので、役人が北殿から南殿に行くためには正殿前の御庭を突っ切ることができず、奉神門左側の脇門から一度出て、右側の門から御庭に再び入って行かなくてはなりませんでした。

久慶門と銭蔵

歓会門《かんかいもん》と同じ外郭の側には「久慶門《きゅうけいもん》」があります。石造アーチ門に櫓《やぐら》が載っているタイプの門です。歓会門が正門であるのに対し、久慶門は通用門としての役割がありました。特に女性が城内に出入りするために使われたようです。

久慶門を入り左手のほうに進むと「銭蔵《ぜにぐら》」と呼ばれる役所がありました。ここは泡盛の原材料を酒造りの職人へ提供したり、生産された泡盛の保管や出納をする酒蔵でもありました。また、泡盛のほかにも銭、シュロ、ワラ、ムシロ、そして酒を入れる壺も管理していました。王国時代の首里城絵図には銭蔵の建物の一階部分に泡盛の壺らしきものがいくつか置かれているのが確認できます。

泡盛は王府で用いる御用酒のため一七三三年に「御用酒御蔵」と改称されますが、その後も元のまま銭蔵と呼ばれていたようです。

奇妙な形の「暗シン御門」

首里城内には奇妙な形の門が存在していました。それが「左掖門《さえきもん》」、通称「暗《くら》シン御門《うじょう》」です。この門

暗シン御門の構造

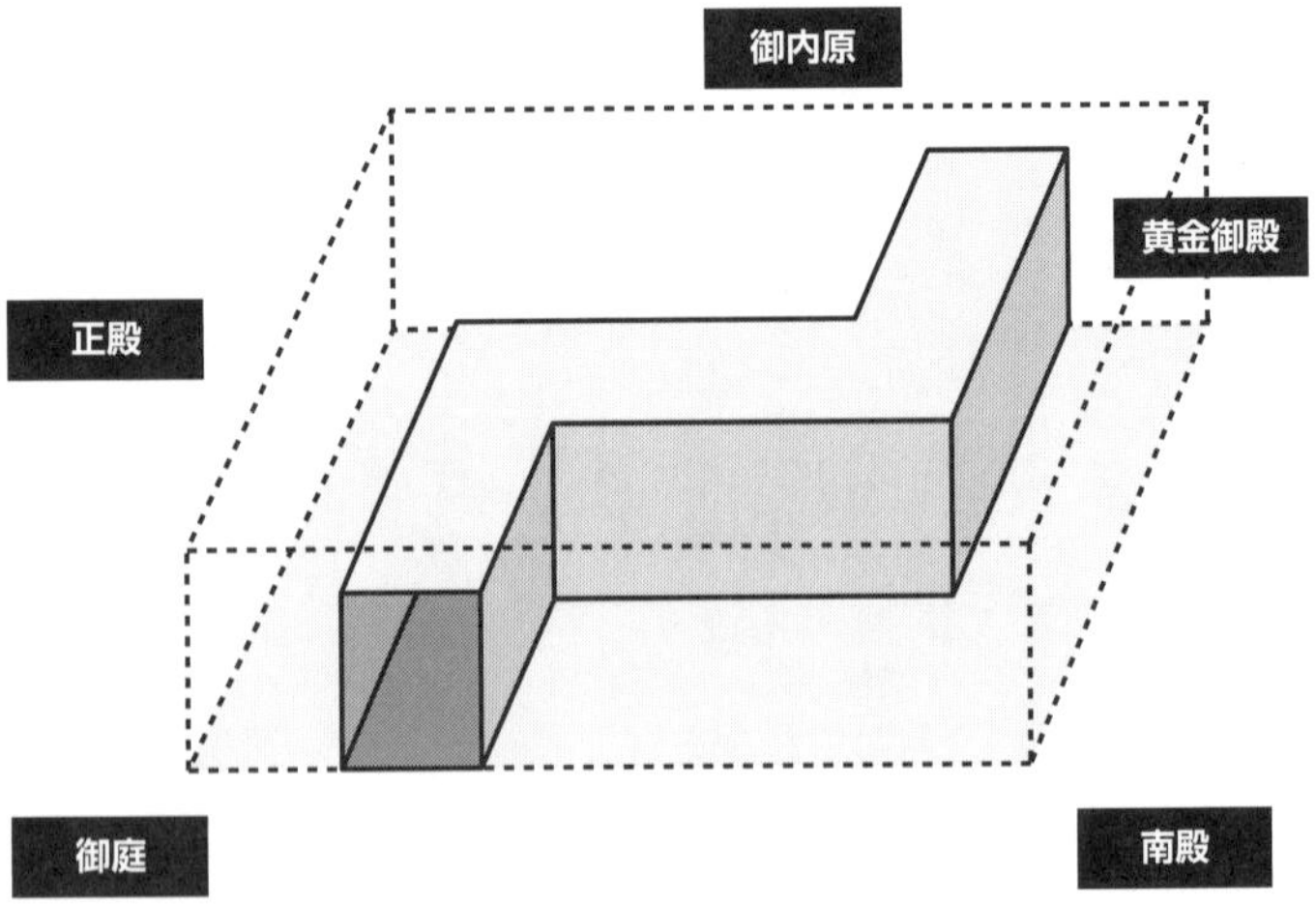

は首里城正殿と南殿の間にあった黄金御殿の一階部分を反対側に抜けるための通路になっていて、広福門や奉神門と同様、建物と一体型の門でした。御庭から御内原に抜けることができます。

この門の大きな特徴は通路がまっすぐではなく、なぜかクランク状になっていること。通路は昼間でも薄暗く、そのため「暗シン御門」と呼ばれています。一説には、御内原方面へ外敵が侵入しにくくするためとも言われています。普段は役人や女官が「表」の世界である御庭と「奥」の世界である御内原を往来することはありませんから、ほとんど使われていなかったようです。戦前の写真では黄金御殿の一階に左掖門が確認でき、王国時代の絵図には門の上に「左掖門」という額が掛っています。

勘違いの世界遺産・首里城⁉

王国が滅んで沖縄県になると、首里城は日本軍の駐屯所や学校として利用されました。建物の老朽化で正殿が取り壊されそうになった時は、本土の芸術家・鎌倉芳太郎氏らの尽力でどうにか止められ、その後修理され保存されていました。

しかし一九四五年の沖縄戦によって首里城はすべて焼失してしまいました。旧日本軍の司令部壕が首里城の地下に掘られたため、アメリカ軍の標的になってしまったのです。そのため首里城の建物はすべて焼失し、石垣の多くも崩れてしまいました。戦後になると首里城のあった場所には琉球大学が建てられました。しかし、「首里城をぜひ復元したい」という沖縄県民の想いが次第に強くなって復元工事が始まり、一九九二年に「首里城公園」としてオープンしたのです。

首里城は琉球王国のシンボルともいえる場所。かつてこの沖縄に「琉球王国」という国があり、独特の歴史と文化を持っていたことが、この首里城があるだけで一目瞭然となります。沖縄県民だけではなく、観光に訪れる人々にも大きなインパクトを与えています。

二〇〇〇年、首里城は「琉球王国のグスク及び関連遺産群」のひとつとしてユネスコの世界遺産に登録されました。首里城をはじめとする琉球王国の文化遺産が、世界に通用する遺産であると認められたのです。でも、多くの人が世界遺産だと思っている首里城の建物は、実は世界遺産ではないのです。

実際に世界遺産に登録されているのは「首里城」ではなく「首里城跡」なのです。つまり、登録されているのはあくまで首里城「遺跡」だということ。

　ですので、観光客が訪れている建物は言うならば一分の一サイズの超精密な模型になります。ただし、模型といっても、あなどることはできません。歴史や建築の専門家たちによって、古写真や古文書などの資料を使った時代考証が細部にわたってなされています。また、外壁の漆や屋根の赤瓦なども実際の職人たちの手によるものです。ちなみに、資料が少なくて内部構造まではっきりわからない建物もありますが、そのような建物は外観のみ復元して内部は展示室やお土産屋さんになっています。

　また、もともとの首里城の遺構の上に建物を建てるわけですから、地下に眠る本来の世界遺産の遺構を守らなければなりません。そこで、遺構には土がかぶせられており、特に正殿はかつてあった基礎部分より約七〇センチ高くして、建物が復元されています。この首里城の遺構の部分を見てもらおうと、ガラス張りにしたところが正殿の一階と北殿の出口からすぐのところにありますので、今度、首里城を訪れる際にはぜひ確かめてみてください。

　首里城公園はオープンから発掘調査や復元作業が進み、二〇一九年二月に御内原の新エリアが追加復元・公開され、当初からの復元計画はひとまず完了しました。首里城の建物は、復元に人生をかけた研究者や職人たちによる努力の賜物だったと言えます。残念ながらこれらの建物は二〇一九年一〇月の火災により大半が焼失してしまいましたが、現在、復元に向けての作業が着々と進行しています。

王家最大の別邸・識名園

首里城から約二キロメートル、真和志間切識名村《まわしまぎりしきなむら》（現・那覇市識名、真地《まあじ》）に王家最大の別邸とその庭園である「識名園《しきなえん》」がありました。別名、南苑《なんえん》や識名之御殿《しきなぬうどぅん》とも言いました。建設されたのは一七九九年。

当初は冊封使をもてなすために建設されましたが、冊封使が訪れていない時は王家の人が保養で訪れるなど王家の別邸として利用されていました。

庭園は日本風の庭園に中国的な要素を取り入れ、さらには琉球の樹木や花を植えており、琉球独特の工夫を凝らした庭園でした。一九四五年の沖縄戦で破壊されてしまいましたが、一九七〇年代から整備が始まり、約二〇年の歳月をかけて復元されました。ここも世界遺産に含まれています。

識名園は「回遊式庭園」という、園内を歩きまわって鑑賞するタイプの庭園です。回遊式庭園は江戸時代の日本で最もポピュラーだった庭園の形式。ちなみに日本三大庭園である偕楽園（水戸市）・兼六園（金沢市）・後楽園（岡山市）も回遊式庭園です。

識名園では「心字池《しんじいけ》」という「心」の字をくずした形の池を中

戦前の識名園　那覇市歴史博物館提供

心に歩いてまわるようになっていました。池の中には小島があり、「六角堂《ろっかくどう》」と呼ばれる中国風の六角形の東屋《あずまや》があります。ただし、これは大正時代に造られたもので、それ以前は入母屋造《いりもやづく》りの屋根に六角形ではなく四角形の東屋でした。

また池を横断するように堤が造られており、二つの石造アーチ橋が架かっています。これは、中国の杭州にある「西湖」という湖に架かる堤のミニチュア版。江戸時代の大名庭園でも同じようなミニチュア版・西湖の堤が造られています。堤にかかる石造アーチ橋は中国風のデザインですが、アーチ部分は琉球式の石の積み方をしています。

池の北側には格式高い建築様式の御殿《うどぅん》が建っています。ここで、冊封使の接待がおこなわれました。ご馳走をふるまったり、歌三線《うたさんしん》を奏でたり、芸能を鑑賞したりしたそうです。

ちなみに、御殿の廊下の窓からは絵画のような美しい景色が見えるはず……なのですが、残念ながら身長一七〇センチ以上の人には芝生しか見えません。というのも、国王の身長は平均すると一五〇センチ台だったようで、その身長くらいの人の目線が一番良い景色を楽しむことができるようになっているのです。ですから、王様の平均身長より背の高い方はかがんでから庭をながめると本来の景色を楽しめるでしょう。

園内の南側には「勧耕台《かんこうだい》」と呼ばれる展望台があります。識名園は標高八〇メートルの丘陵に位置するため、ここから沖縄島南部を一望することができました。「耕作を勧める台」という名前のごとく、かつては一面に広がる田畑が見えたそうです。ちなみに、この勧耕台からはとてもめずらしい景色も見られます。なんとここからは海が一切見えないのです！　南北に細長い沖縄島。ちょっと高い場所に登ると、すぐに太平洋か東シナ海のどちらかが見えてしまい、海が見えない場所はあまりありません。しかし、ここからはちょうど海が見えないのです。

かつて識名園を訪れた冊封使は大陸生まれ。彼らにとって沖縄島はちっぽけな島というイメージだったでしょう。ところが、ここに連れてこられ見せられるのは海が見えない広大な土地でした。きっと冊封使たちも「琉球はこんなに広かったのか！」と驚いたことでしょう。接待した国王や役人たちのドヤ顔も目に浮かびます。

王家は識名園以外にも多くの別邸を持っていました。たとえば、首里の崎山村《さきやまむら》（現・那覇市首里崎山町）には東苑《とうえん》（御《う》茶屋《ちゃや》御殿《うどうん》）があります。東苑は識名園同様に冊封使のもてなしや、王家の保養施設として使われており、一六七七年に建設されました。識名園より歴史が古く、識名園が建設される以前は冊封使のもてなしはここがメインで使われていたと考えられます。また、それ以外にも首里の久場川《くばがわ》村（現・那覇市首里久場川町）にある同楽苑《どうらくえん》（久場川之《くばがわぬ》御殿《うどうん》）や浦添間切の小湾之《こわんぬ》御殿《うどうん》などたくさんの別邸がありました。

首里城の焼失と「令和の復元」

首里城は歴史的に何度も焼失と再建を繰り返してきました。沖縄戦で破壊された首里城は一九九二年に復元され、沖縄に「琉球」という独自の歴史と文化があることを示す象徴になりました。ところが二〇一九年一〇月三一日未明、首里城正殿から出火した火災は正殿ほか南殿・北殿などの周辺建物を焼き、沖縄県民をはじめ、多くの人々に衝撃を与えました。建物だけでなく、城内に保管されていた琉球王国時代の文化財も多数焼失、また残ったものも火災によるダメージを受けてしまいます。

この悲劇に対して、国内外から多くの寄付金が寄せられ、その額は約五七億円（二〇二三年五月末時点）にものぼり、関心の高さがうかがえます。焼失後の同年一二月には、日本政府は復元に向けた基本方針を打ち出し、二〇二六年の正殿の復元に向けて作業が進んでいます。

二〇二二年一一月三日には正殿材木を搬入する祭事「木曳式」と起工式がおこなわれ、いよいよ本格的な工事が着工され、正殿の工事現場をおおう素屋根も建設中です。被災した文化財の修復に関する委員会も設置され、現在も修復作業が進行中です。正殿は二〇二六年に復元予定、北殿や南殿など周辺施設はそれ以降に順次復元されることになっています。

しかし今回の「令和の復元」では、前回の「平成の復元」とまったく同じように再現されるわけではありません。前回の復元以降、研究で明らかとなった首里城の新知見が盛り込まれ、いわばバージョンアップされた首里城が姿を現すのです。まず大きな変更の一つは正殿の外壁の塗装です。王国時代の史料で、首里城改修の際に久志《くし》（名護市）の弁柄を調達する記述があり、これが久志の小川などに生息するバクテリアが分解してできた赤色の塗料であることが判明しました。今回の復元では実際にバクテリア由来の「久志弁柄」を使うことになったのです。この結果、前回の赤色よりも若干明るくなるようで、正殿の見た目が変わることになります。また玉座にあたる二階の御差床の欄干の柱も、戦前の写真の発見により形が変わることになります。これまで楕円形だった柱は、なんと長靴形という不思議な形へと変更されます。

その他、御差床の上に掛けられていた扁額の色も、朱色から黄色へと変更されます。これまで見ていた首里城の印象が大きく変わることになるでしょう。

そのほか、コンクリートによる外観復元だった南殿は、一部当時の畳敷きの部屋に変更。正殿横に付属していた西之廊下や正殿欄干にあった石獅子の向きの変更など、多くの細かい個所が変わります。そして当然ながら、火災の反省をふまえて防火用の貯水槽やスプリンクラーなどの設備も強化されることになります。復元がなって首里城を訪れる際には、前回との違いを探してみるのもおもしろいかもしれません。なお首里城復元にあわせて、周辺施設である中城御殿（王子の邸宅）や円覚寺の復元も進行しています。近いうちに首里城と城下町の姿が一変することになります。

そして首里城を復元する意義については、平成と令和で少々異なっています。平成の復元は沖縄戦で失われた琉球文化を取り戻す、沖縄県民主体の「戦後史の課題解決」としての性格が強かったと言えるでしょう。地元の草の根の運動と、県民挙げて結成された首里城復元期成会による陳情が国を動かし、国営公園というかたちで県民の悲願は実現されました。その後、大河ドラマ「琉球の風」放送（一九九三年）や二〇〇〇年前後の沖縄ブームは首里城をアイコンとした琉球の歴史・文化を広く全国に認知させ、また二〇〇〇年の世界遺産登録もそれを後押しすることになりました。観光客数の増加にともない首里城は美ら海水族館と並ぶ屈指の観光地となり、沖縄県民だけでなく、日本や世界の人々が観光などで首里城に触れることになったのです。

この数十年で首里城は多くの人々に定着し、県民にとっては日常の風景となりました。令和の復元は、名実ともに沖縄の象徴となった姿を取り戻すとともに、沖縄の枠を超えて世界遺産となった遺跡を保護する意義も加わっていると言えるでしょう。また今回の焼失にともなって、あらためて首里城の歴史が注目された結果、首里城は王国時代の栄華を伝える場所であるとともに、沖縄戦時には日本軍の第三二軍司令部が置かれた「戦跡」であることも認識されるようになりました。現在、首里城復元とともに、この司令部壕の保存・公開を求める声も上がっています。

第2章

琉球王国の政府「首里王府」のしくみ

首里城内にあった行政機関

現在、日本国には外務省や文部科学省、あるいは警察庁や気象庁などの行政機関があり、それぞれの分野で業務をおこなっています。では、琉球王国《りゆうきゆうおうこく》はどのような行政機関を持っていたのでしょうか。

琉球王国の政府となるのが「首里《しゆり》王府」です。首里王府は国王をトップとする組織で、現在の日本政府と同じように、各分野での業務を担当する行政機関があり、その中枢は首里城でした。

王府のトップ・国王のすぐ下にあったのが「評 定所《ひようじようしよ》」と呼ばれる機関で、現在の内閣に相当します。国王の下には「摂政《しつしー》」と呼ばれる国王の補佐役がいて、さらにその下には「三司官《さんしかん》」と呼ばれる国政の最高執行責任者の人が三人いました。彼らが所属する機関が評定所となります。評定所は首里城北殿の中に事務局があって、三司官たちは「評定所筆者《ひつしや》」と呼ばれる事務局のスタッフとともに、ここに勤務していました。

評定所の下には、「申口方《もうしくちほう》」と「御物奉行所《おものぶぎようしよ》」の二つの事務局があり、さらにその下に七つの機関がありました。たとえば対外交渉などを担当する「鎖之側《さすのそば》」や、財政を担当する「所帯方御物奉行《しよたいほうおものぶぎよう》」などです。

これらの七つの行政機関の下には多くの部署がありました。首里城内にあった機関をいくつかみていきましょう。まず、広福門《こうふくもん》の中には「大与座《おおくみざ》」がありました。ここは出生届・死亡届の受理や戸籍に関する業務、財産争いの解決などを担当していて、今風に言えば戸籍住民課といった感じです。大与座のあった場所は現在、首里城のチケット売り場になっています。

下之御庭《しちゃぬうなー》には「系図座《けいずざ》」がありました。ここは士族の家系図を記した家譜の管理や国の歴史を記録する業務を担当していました。現在では休憩所・情報案内所として利用されています。

また、南殿の後方には書院があり、ここでは国王が日常の業務をおこなうほか、冊封使《さくほうし》が来琉した際には歓迎の宴なども開かれました。書院には「御書院奉行《ごしょいんぶぎょう》」をはじめとするスタッフが勤めていました。現在の総理官邸といった感じでしょう。

首里城外にも多くの行政機関がありました。たとえば、首里城の北側にある久慶門《きゅうけいもん》を出てすぐのところには漆器《しっき》の制作と、それに関わる事務をおこなう「貝摺奉行所《かいずりぶぎょうしょ》」がありました。ここは公務員として王府に雇われている漆器職人や絵師たちを監督する国営の漆器工房でした。

首里城から少し離れた首里の久場川村《くばがわむら》には「平等所《ひらじょ》」という機関がありました。ここは現在の警察署と裁判所を合体させた機関です。「筑佐事《ちくさじ》」と呼ばれるスタッフがいて、彼らは犯罪者の逮捕や、国王が外出する際の警護などを担当しました。

このように、首里王府には城内から城外までたくさんの行政機関がありました。トップである国王がすべての行政を一人でみていたわけではなく、それぞれの分野に特化した機関があり、そこで働く国家公務員たち一人一人の働きによって首里王府が運営されていたのです。

首里王府で働く人々が「国家公務員」とすれば、地方で働く「地方公務員」もいました。琉球王国では地方の行政区を「間切《まぎり》」と言いますが、その間切が地方自治体として運営もおこなっていました。

間切の実質的なトップを「地頭代《じとうでー》」と呼び、その下に「地方役人《じかたやくにん》」と呼ばれる地方公務員たちがいて、「間切番所《まぎりばんじょ》」という庁舎で働いていました。地頭代をはじめとする地方役人たちは、首里王府で働く国家公務員と違って百姓身分でした。もちろん、首里城で働く百姓身分の人もいますが、間切番所で働く人たちはみな百姓身分だったのです。百姓と言うと、どうしても農業をしているイメージがありますが、本来の言葉の意味が「たくさんの姓」であるように、琉球では士族身分以外の庶民を「百姓」と総称していました。地方役人は事務をしていても百姓なのです。

一方、久米島《くめじま》・宮古島《みやこじま》・石垣島《いしがきじま》には「蔵元《くらもと》」という地方自治体がありました。それぞれの地域の出身者が蔵元で働き、周辺の島々の統括をしていました。

首里王府の中枢・評定所

さて、首里王府の「評定所」ですが、江戸時代の日本にも「評定所」という機関があり、こちらでは裁判を担当していました。琉球の評定所と日本の評定所は役割も違い、まったく別物のように見えますが、実は琉球の評定所は日本（薩摩藩）の評定所をモデルに作られたと考えられています。琉球では、かつて行政（政治）と司法（裁判）がはっきり分かれておらず、評定所でも裁判をおこなっていた時代がありました。

しかし、刑事裁判を担当する「平等所」と、民事裁判を担当する「大与座」の機能が充実していくにつれ、評定所で裁判をおこなうことは少なくなり、次第に行政に特化していったのです。

さて、首里城・北殿の中にあった評定所の人と仕事を具体的に見ていきましょう。

評定所にはまず「三司官」という役職の人が所属していました。三司官は、その名の通り三人制の役職です。現在で言う総理大臣のようなポジションで、国政の最高執行責任者でした。もちろん、国の最高責任者は国王ですが、実務的な国政の執行責任は三司官にありました。

責任者が三人いることで、リスクの分散もできました。仮に一人が病気になっても残りの二人でカバーできますし、国内で大事件が起きた際（西洋船の漂着など）には、誰かが現場視察に行って残りは首里城に残る、ということもできました。三人いる最高執行責任者というのは琉球独特のシステムと言えるでしょう。

三司官の下に位置し、現在の「国務大臣」に相当する役職が「表十五人《おもてじゅうごにん》」です。表十五人は、その名の通り一五人いて、首里王府内にある七つの大きな機関の長官と次官で構成されていました（「鎖之側」には次官が二人いるので七×二＋一で一五人となります）。

表十五人たちは国政に関する様々な案件を話し合った後、結論を三司官にまわして再検討し、最終的には国王の許可（決裁）をもらったり、あるいは評定所の協議で決まった内容を各機関に伝達したりする役目がありました。

評定所の業務日誌「年中各月日記」

そして、忘れてはいけないのが事務局で働くスタッフで、現在の内閣官房に相当する「筆者《ひっしゃ》」たちです。

のです。

「評定所筆者主取《ぬしどり》」をチーフとして、十数名の筆者たちが働いていました。彼らは超難関の科試《こうし》を突破してきたトップエリートたち。相当のインテリ層であると言えます。国内向けの通達文書や対外向けの文書の作成などが彼らの業務でしたが、こうした実務面で三司官たちを陰で支えたのが、彼ら筆者たちだったのです。

当時の評定所での仕事を少しのぞいてみましょう。評定所の史料の中に「年中各月日記《ねんじゅうかくげつにっき》」というものがあります。今でいう業務日誌に近いですが、日々の出来事を書いているのではなく、当時やりとりされていた行政文書を評定所筆者たちが書き写し、一年分を一冊としてまとめたものです。

一七世紀から明治期まで数百年にわたって書き続けられ保管されていたようですが、残念ながら現存するものはわずかです。当時の行政は前例主義だったので、きっと役人たちは「以前はどうだったのか」と、昔の日記を参照していたことでしょう。

日記の中身を見てみると、まず月日が記されており、その下に天気と風向きを記しています。たとえば「晴天　風酉之方（風向き西の方角）」といった具合です。中には「晴天　風辰巳之間　七ツ時分より小雨降ル　夜曇天　風同断（晴天　風向き辰巳の方角　午後四時より小雨降る　夜曇り　風向き同じ）」など、かなり細かく記しているものも。評定所筆者はとてもマメですね。

そのあとに、評定所の行政文書の写しが記されています。評定所から関係機関への通達文書がメインとなっています。たとえば、国王がお寺へ参拝に行くためのお寺に関係する寺社座への通達文書、那覇《なは》に滞在する薩摩役人が熱病にかかったので医者を手配して診察させなさいと那覇の役人に通達する文書、王家の清明祭《しーみーさい》（祖先供養の墓参り行事）のため墓を掃除するよう関係機関へ通達する文書などなど。「年中各月

評定所の組織図

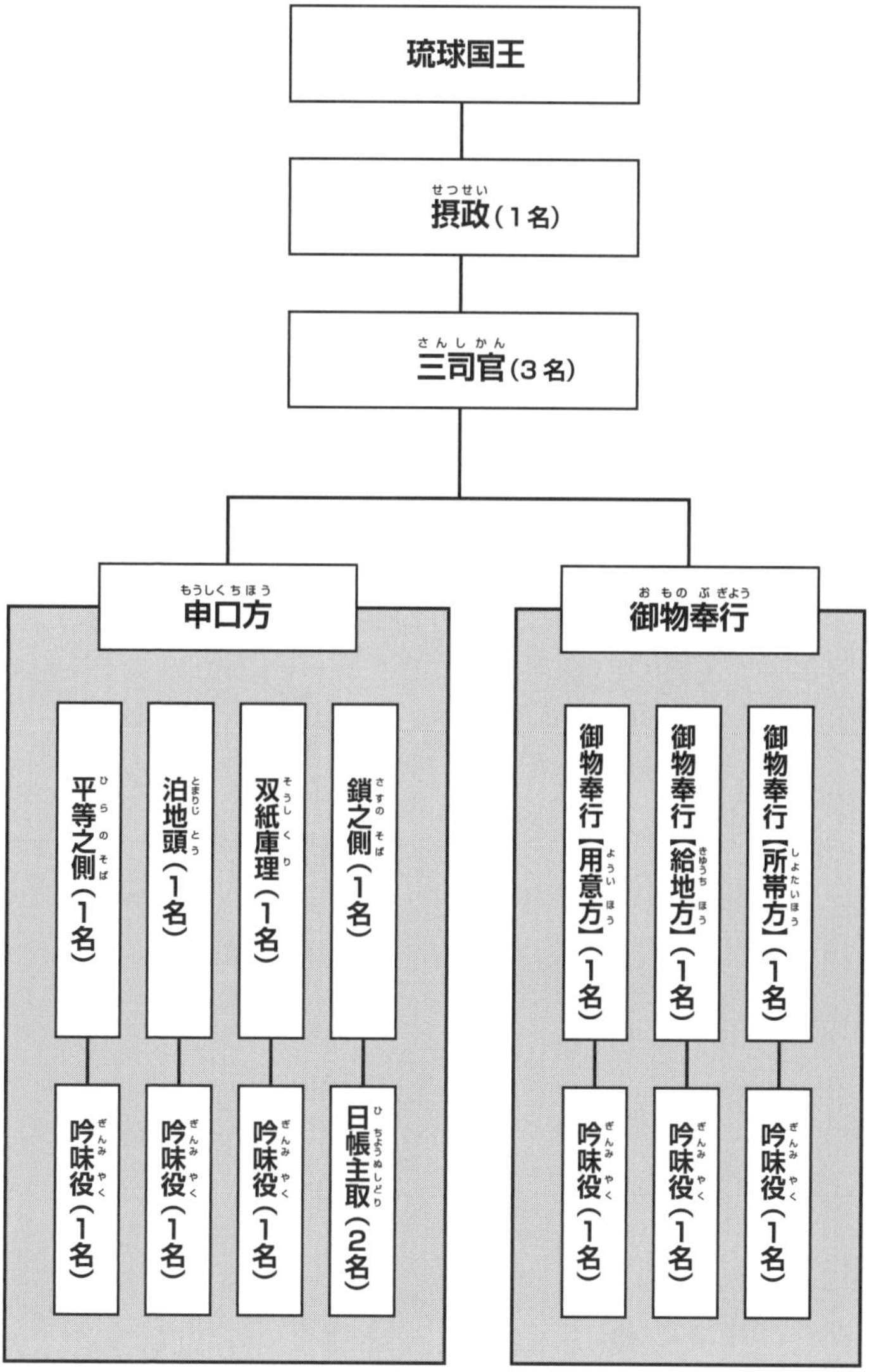
琉球国王
摂政《せっせい》（1名）
三司官《さんしかん》（3名）
申口方《もうしくちほう》
平等之側《ひらのそば》（1名）
泊地頭《とまりじとう》（1名）
双紙庫理《そうしくり》（1名）
鎖之側《さすのそば》（1名）
吟味役《ぎんみやく》（1名）
吟味役《ぎんみやく》（1名）
吟味役《ぎんみやく》（1名）
日帳主取《ひちょうぬしどり》（2名）
御物奉行《おものぶぎょう》
御物奉行【用意方《よういほう》】（1名）
御物奉行【給地方《きゅうちほう》】（1名）
御物奉行【所帯方《しょたいほう》】（1名）
吟味役《ぎんみやく》（1名）
吟味役《ぎんみやく》（1名）
吟味役《ぎんみやく》（1名）

日記」を見ると、当時の国政の様子がよくわかります。文書のやりとりが基本となる点では、今の社会とあまり変わらないようです。

このように、琉球王国の国政は国王だけでなく三司官や表十五人、そして事務局や関係機関のスタッフなど、多くの人が関わって成り立っていたのです。

任期は数カ月⁉ キャリア官僚の歩む道

先述した表十五人は、具体的にどのように仕事をしていたのでしょうか。表十五人を務めたのは、向姓《しようせい》、毛姓《もうせい》、翁姓《おうせい》、馬姓《ばせい》など勢力の大きな一族の人たちでした。

その中に、一八〇〇年代初頭に表十五人を務めた伊舎堂《いしゃどう》親方《うえーかた》盛元《せいげん》（翁宏烈《おうこうれつ》）という人物がいます。彼は中城《なかぐすく》間切（現・北中城村、中城村）の総地頭職（間切を領地として頂く職）を代々受け継ぐ良家の出身でした。

彼の歩んできた道を少し紹介しましょう。初めて仕事に就いたのが一一歳の頃。首里城正殿の一階で雑用業務をおこなう「小赤頭《こあくかべ》」という仕事で、これは首里城の雰囲気を知るための職場体験的な要素を持っていました。その後も職場体験的な雑用を転々として、一七歳の頃にカタカシラを結い（成人になることで、日本風に言えば元服）、二二歳で黄冠《こうかん》をたまわり、「親雲上《ぺーちん》」を称す身分にのぼりました。

ちなみに二〇代で黄冠の位にのぼるのはキャリア組だからこそで、下級士族だと三〇～四〇代でやっと、という具合です。二〇代で中堅の職をつぎつぎこなし、ついに三〇歳の時に表十五人のメンバーである

「日帳主取《ひちょうぬしどり》」に任じられています。が、翌年には表十五人からは外れ、三三歳の時に再び「日帳主取」に戻り表十五人に復帰しますが、三五歳までの間に「平等之側《ひらのそば》」「双紙庫理《そうしくり》」「鎖之側《さすのそば》」など、同じ表十五人の役職を転々としたあと、紫冠《しかん》をたまわり「親方《うぇーかた》」を称します。そして四五歳の時に三司官へとのぼりつめました。

彼の任期は平均するとなんと八ヵ月！　一年にも満たないのです。このように短期間で人事異動を繰り返して、三司官へとのぼっていきました。彼のように、職を転々とするケースは決して珍しくはなく、三司官にのぼるようなキャリアたちはみな数ヵ月から二年程度の任期で表十五人内の人事異動を繰り返していました。

一方、同じ評定所で働いていた評定所筆者たちはどうだったのでしょうか。

たとえば、評定所筆者を務めた平敷《へしき》親雲上《ぺーちん》慶隆《けいりゅう》（曹範行《そうはんこう》）という人がいます。彼は二〇歳の時に評定所筆者の補助役となって、その後、職を転々としますが、三三歳の時に筆者、四〇歳の時に筆者主取（筆者のチーフ）になって五年ほど勤めた後、病気のため筆者主取を辞めています。

また同じく評定所筆者を務めた石嶺《いしみね》親雲上《ぺーちん》真忍《しんにん》（麻篤敬《まとくけい》）は、二三歳の時に筆者の補助役となって、二六歳の時に筆者、三〇歳の時に筆者主取となり、その後、いったん筆者主取を抜けますが、三八歳の時に再び筆者主取になっています。

彼らは、職を転々とした表十五人たちとは違い、長年にわたって評定所の業務に関わっていたと言えます。これらの筆者に任期はなく、多くの筆者たちは数年から数十年にかけて同じ事務局に勤めていました。また、評定所以外の役人にも長期間勤めた筆者の例があります。たとえば首里城内にある佐敷御殿《さしきうどぅん》（王妃の公務を司る役所）の筆者を務めた平田《ひらた》筑登之親雲上《ちくどぅんぺーちん》嗣《し》伸《しん》（孫興文《そんこうぶん》）は、二〇代から四〇代まで佐敷御殿に関わっていました。つまり、彼らはその仕事のベテランだったのです。

三司官への道を駆けのぼって行くキャリアたちを、彼らのような有能な行政マンが支えていたのでした。彼らは王国のキャリア組を支えた縁の下の力持ちのような存在と言えるでしょう。

琉球の時間の読み方

現在ではいたるところに時計があふれ、腕時計はもちろん、時計機能を備えたケータイなどを持ち歩く時代になりました。ところが、身近に時計がない時代はどのように時間を知っていたのでしょうか。

当時の琉球にあった時計のひとつに、首里城内にある「日影台《にちえいだい》」という日時計があります。ちょうど現在のアナログ時計のような円盤状の目盛盤に棒を立てて、その影で現在の時間を知ることができました。

この日時計は具志頭《ぐしちゃん》親方《うぇーかた》文若《ぶんじゃく》（蔡温《さいおん》）という政治家が一七四一年に西原《にしはら》間切幸地《こうち》村《むら》（現・西原町幸地）で役人たちに影を観測させ、正確な時間が計れる目盛盤を造らせたそうです。この日影台を漏刻門《ろうこくもん》の近くに設置して時間を計っていました。現在は再現された日影台が漏刻門と広福門の間の広場に設置されています。

ところが日時計には問題点もありました。たとえば、季節によって太陽ののぼる方角が変わることです。この問題は日時計の角度を変えることでクリアできました。しかし、一番の問題なのが雨の日や夜間など太陽が出ていない時。この時ばかりは日影台で時間を計ることができませんでした。

今日は雨だから時間はどうでもいいよね……というわけにはいきません。でも、雨の日でも大丈夫。漏刻門には水時計が設置されており、これで時間を計っていました。漏刻門の「漏刻」は何を隠そう水時計のこと。漏刻は中国式のものだったようで、畳一畳ほどの大きさの箱に水を入れて、そこから流れ出る水を別の箱で受け、流れ出る水の量で時間を計っていたそうです。

これらの日影台や漏刻を使って「漏刻御番《ろうこくうばん》」という係が昼夜交代で時間を計っていました。決まった時間になると太鼓を叩き、それを聞いたら別の係が首里城の物見台（東のアザナ・西のアザナ）や右掖門《うえきもん》で同時に大鐘を打ち鳴らし、さらに城外のお寺がそれに連動して鐘を鳴らし広い地域に時間を知らせていたそうです。

なお、当時の古文書には「八ツ時分」や「九ツ時分」という時間を表す言葉が出てきます。これは江戸時代の日本で使われていた表現と同じものでした。水時計は中国式のものを使いながらも、時間の表現は日本式のものを使っていたのです。

首里城にあった3つのキッチン

首里城には料理座《りょうりざ》と大台所《うふでーじゅ》と寄満《ゆいんち》の三つのキッチンがあり、それぞれ役割を分担して機能していました。

料理座は書院の後方にあり、首里城への来賓や祭祀行事の際の高級料理を準備していました。大台所は料理座よりさらに後方の、継世門《けいせいもん》の近くにあります。大台所は料理座の役割と同様に来賓や祭祀行事の際の料理を調理しますが、中級の料理を担当していたようです。そのほか、御内原《うーちばら》での日常食を準備していました。寄満は御内原内にあり、黄金御殿《くがにうどぅん》に隣接していました。専属の庖丁人《ほーちゅーにん》（料理人）が三人いて国王や王妃など王家の食事を準備していました。また、料理座や大台所はキッチン（調理場）としてだけではなく、食材や薪の貯蔵と管理もおこなっていました。

これらのキッチンにはどのような人が勤めていたのでしょうか。もちろん調理をおこなう庖丁人がいます。しかし、庖丁人だけではなく、大屋子《おおやこ》や筆者などの管理職・事務職の人や下遣《したづかい》と呼ばれる下働きの人も勤めていました。調理の場所というよりは、調理などを担当する部署というイメージです。

また料理座には「御菓子作《おかしづくり》」という役もいて、お菓子作りを担当していました。さらに、大台所には女官である「あねべ」たちも働いていました。冊封使《さくほうし》が来琉した際や、薩摩藩の在番奉行が首里城へ来た際など、宴会の準備で庖丁人をはじめ大屋子や筆者、そして「あねべ」までが、調理はもちろん食材の管理、皿洗いなどで、てんやわんやしている様子が思い浮かびます。

ところで、大台所ではある事件も起きていました。

事件が起きたのは一六七三年一月七日の夜。正月が終わり、ほっと一息ついた頃だったのでしょうか。ここに勤務していた亀島親雲上忠洪《かめしまぺーちんちゅうこう》（伊爾欽《いじきん》）という人物が、あろうことか大台所のかまど内の火を消し忘れてしまいます。木造建築の首里城。もし建物に引火してしまえば一大事です。この時は何事もなかったようですが、亀島親雲上は火の消し忘れという罪によって、慶良間《けらま》へ島流しになってしまいます。

その後、同年の九月にはお許しが出て帰郷します。帰郷後は王府内の他の職場を転々とし、事件から一二年後に再び庖丁人を務めています。火の不始末が一大事になるというのは今も昔も変わりませんね。

首里城のゴミ捨て場

現在、首里城跡の発掘現場からは様々な物が出土します。御内原の敷地内、淑順門《しゅくじゅんもん》の付近では一時的なゴミ捨て場のように使っていた跡が見つかり、その中から多くの骨が出土しています。ブタ・ニワトリなどの動物の骨、ブダイなどの魚の骨、ハマグリといった二枚貝などなど。これらの出土品から城内で、どのようなものが食べられていたのか、いろいろ想像ができます。

また、これらの出土品に混じって「糞石《ふんせき》」という物も出土しています。糞石……そう、要するにウンチです。しかも人間のウンチです。誰のものかは定かではありませんが、誰かが城内でウンチをしてここに捨てたことは確かです。御内原は王と王妃や女性たちの住むエリア。そのウンチの主は、この人たちのいずれかの可能性が高いと言えます。

首里城の正殿や書院・鎖之間《さすのま》など、木造復元された建物を歩いていても、トイレが見当たらないことにお気づきでしょうか。そうです。首里城のトイレ事情はよくわかっていないのです。当時、おそらく首里城内には固定のトイレはなく、「おまる」のような携帯用の便器に排泄をした後、ゴミ捨て場に捨てていたようです。実際に当時の史料を見ると「糞箱《くそばこ》」「小便筒《しょうべんづつ》」という携帯用便器が出てきます。食べてから排泄するまでの、城内での生活を垣間見ることができます。

ちなみに、当時の役人は登城する前にあらかじめトイレを済ませておき、城内でトイレに行きたくなっても、なるべくガマンしたという話もあります。当時は城内で用をたすなんて恐れ多かったのかもしれません。

琉球にはどんな犯罪があったの？

「おおらか」「優しい」「のんびり」といったイメージのある沖縄人（ウチナーンチュ）が暮らしていた当時の琉球王国。さぞかし平和な時間が流れていた……と思いきや、残念ながら当時の琉球王国にも罪を犯してしまう人たちはいたようです。

琉球王国時代の裁判記録をまとめた古文書が残されているので、当時どのような犯罪があったのか見てみましょう。

まず、窃盗事件。裁判記録を見ると、現金や簪《かんざし》、牛や馬の窃盗などがあったようです。その他にも暴行事件・殺人事件・放火事件などがありました。

琉球独特の犯罪としては、お墓に関する犯罪や系図に関する犯罪があります。当時のお墓は親族単位のお墓が多く「お墓＝一族の所有」という認識もありました。

しかし、中にはお墓を親族に黙って売り払い、中の遺骨は勝手に別の墓に移動させる人もいたのです。

そのため、親族から訴えられた事件などがあります。

もう一つ琉球独特の犯罪といえるのが、系図に関する事件。当時の琉球の人々にとって士族になれることは大変な名誉でした。そこで、他人の士族の系図に勝手に自分をつなげ、士族になりすます人がいたのです。もちろんそのようなことは許されず、発覚すれば逮捕されてしまいました。

警察署と裁判所を兼ねた「平等所」

犯罪者はどのように捕えられていたのでしょうか。首里の久場川村にあった平等所には筑佐事がいて、首里をはじめとする王国の治安を守っていました。筑佐事とは警察官の役目をする役人の総称で、具体的には「大筑《うふちく》」「脇筑《わきちく》」「大佐事《うふさじ》」「脇佐事《わきさじ》」などがいました。

それ以外にも、国王が首里城から識名園《しきなえん》へ出向く際に護衛を担当したり、犯罪者を白状させるための拷問をおこなったりもしていたようです。彼らは士族ではなく、首里に住む百姓身分から選ばれました。さぞ屈強な男たちだったことでしょう。

平等所には、筑佐事以外の行政マンも働いていました。平等所の長官となるのが「平等之側」で、その下には「平等方《ひらほう》吟味役《ぎんみやく》」がいました。平等之側・平等方吟味役とも表十五人

琉球の下級役人

のメンバーになります。その下には筆者などのスタッフもいました。

現在では警察署と裁判所は別の機関ですが、当時はその区別がなく刑事裁判は平等所でおこなわれていました。その時の裁判長となるのが平等所の長官でもある「平等之側」でした。

裁判はいわゆる江戸時代の「お白洲《しらす》」のような感じでおこなわれます。細長い座敷に平等所一同が座り、手前は土間になっています。犯人はここにゴザを敷いて座らされ、両わきでは筑佐事が監視しています。平等之側と吟味役は一番奥の床の間の手前に座り、床の間には日本刀が置いてあったと言います。

平等所で直接犯人の取り調べに当たったのは、平等所の「大屋子《おおやこ》」ら実務スタッフで、彼らが調書と判決案文を上司の平等之側・吟味役に差し出し、首里城の評定所で判決を決定、三司官・摂政を経て、最終的には国王の裁可を受けるシステムでした。判決が確定すれば刑はただちに執行され、死刑や流刑はとくに国王の裁可を受けて執行されました。

琉球の刑罰あれこれ

罪を犯し、裁判を受けて有罪となったら、待っているのは刑罰です。琉球の刑罰には寺入《てらいり》・科銭《とがぜに》（罰金）・科鞭《とがむち》（鞭打ち）・枷号《かせごう》（拘束具を数日間つける）・科牢《とがろう》（牢獄に入れる）・流刑・死罪などがありました。

まず、寺入という刑罰。読んで字のごとく、寺に入れられる刑です。寺に入れられるといっても出家させられてお坊さんになるというわけではなく、寺に閉じ込めておく禁固刑でした。西原間切末吉村（現・

那覇市首里末吉町）の遍照寺《へんしょうじ》、宜野湾間切《ぎのわん》（宜野湾市）の神宮寺《じんぐうじ》、金武間切《きん》（金武町）の観音寺《かんのんじ》と、さらに遠くの伊江島《いえじま》にある照太寺《しょうたいじ》がありました。寺入の期間は罪の重さによって、五日から一〇〇〇日ほど。期間が長いほど遠くの寺へ入れられていたようです。寺入は比較的軽い刑になります。

重い刑に流刑、いわゆる島流しがあります。沖縄島に近いところでは、渡名喜島《となきじま》・粟国島《あぐにじま》に三年、久米島《くめじま》に四～六年の流刑がありました。次に遠いのが宮古島《みやこじま》に八年の流刑、最も遠いのが八重山《やえやま》諸島に一〇年～終身、というものです。士族が流刑になった場合、身分が剝奪され、流刑先の農民と同じように農業に従事し、税を納めていたようです。刑期を終えると帰ることができ、士族は身分を戻され、取り上げられた位階も再度任命され直し、つまり出世レースもまたやり直しということになります。

一八五四年に石垣島《いしがきじま》へ流刑となった仲尾次親雲上政隆《なかおしぺーちんせいりゅう》（宇増光《うぞうこう》）という人物がいます。彼は当時禁止されていた浄土真宗の布教活動をしていたことが発覚し、一世流刑《いっせいるけい》（終身流刑）となったのでした。ところが仲尾次親雲上の実家である那覇士族の仲尾次家は、貿易によってひと儲けした裕福な一家。彼が流刑となっても、実家からの支援があったようで、なんと現地の役人より裕福な生活をしていたそう。

また彼は流人の身でありながら、崩壊していた宮良橋《みやらばし》を再建し、島の住人から感謝されました。その功績で石垣島の役人らは彼の罪を赦すように王府へ嘆願し、ついに罪が赦され、一一年ぶりに那覇へ帰ってきたのでした。

流刑人といえども、みなが極悪人というわけではなく、彼のように宗教上の問題だったり、政治犯なども多くいました。

また、琉球の流刑にはおもしろいものもあります。それは働かないナマケ者や言うことを聞かない困ったチャンを家族や親族など周囲の人が訴えて流刑にできるというもの。当時は彼らのような人を「気まかせ者」と呼んでいました。どういう人たちがいたかと言うと、たとえばニート君。現代でも働かない人は困りものですが、当時もやはり困りものだったようです……。それから、大酒飲み。まぁ、ニート君と似たようなものですが、ろくに仕事もしないで酒ばっかり飲んでいる人は周囲が困りますよね。こういった「気まかせ者」を家族や親族が訴えると、流刑にすることができました。流刑地や刑期も訴えた人が決めることができたようです。「働かないうちのバカ息子を流刑にしてくれ！」と少し厳しい愛のムチの役割をはたしたのでしょう。

死刑と拷問

最も厳しい刑罰は死罪でした。死罪となるのは、国家への反逆や親族への殺人などの罪でした。処刑は真和志《まわし》間切安謝村《あじゃむら》（那覇市安謝）にある「安謝湊《あじゃみなと》」という場所でおこなわれていました。そのほか、内辻《うちつじ》村《むら》（那覇市久米）や我謝兼久《がじゃかねく》（西原間切我謝村）などで処刑がおこなわれていたそうです。処刑の方法には斬首や磔《はりつけ》などがありました。

たとえば一七三四年、和文学者として知られる平敷屋《へしきや》親雲上《ぺーちん》朝敏《ちょうびん》という人物が、王府を批判する落書を書き、薩摩の在番奉行まで巻き込んだ事件の首謀者として疑いをかけられ、磔の刑に処せられています。

また一七一二年、首里城下町の赤田《あかた》村《むら》（那覇市首里赤田村）に住む仁徳《じんとく》の妻が「赤田神《あかたがみ》」と名乗って信者を集めたため王府は、人心を惑わせたとして夫婦ともども処刑しています。現在でも国家体制を転覆させるような行為は重罪ですが、当時の琉球でも体制をゆるがすような犯罪は重いものとされたようです。

なお取り調べの際には江戸時代の日本のように拷問もおこなわれました。その方法は、水責めや二枚の板の間にスネをはさみ、その板を縛ってスネを締め付けるというもの。また指と指の間に木の棒をはさみ、これまた縛ってグリグリと動かすという方法も。想像するだけですごく痛そうです。

国王一世一代のビッグセレモニー「冊封」

琉球は中国を中心とした国際体制（冊封・朝貢体制）のもとにありました。そのため国王は中国（明・清）の皇帝から承認されることになっていました。国王になるための承認の儀式を「冊封」と言います。「さくほう」と読み、琉球語では「サップー（さっぽう）」と読みます。

冊封は中国皇帝からの使者が琉球へやってきて首里城で「あなたを琉球国王に承認します」と宣言する一連の儀式です。冊封をおこなうため中国皇帝から派遣される使者を「冊封使」と言います。リーダーを正使、副リーダーを副使と言い、その他にも学者・絵師・宦官などいろいろな人が加わり、一行は総勢五〇〇人前後にもなりました。彼らは約半年間も琉球へ滞在し、その間に宴や儀式がとりおこなわれました。

冊封使は大型船に乗って、中国から琉球にやってきます。冊封使の乗る船は琉球で「御冠船《うかんしん》」と呼ばれていました。冊封と言えば国家的な一大行事です。しかも、五〇〇人が約半年も琉球に滞在するわけですから、彼らの食費も高額になります。そのため、王家や王府だけが関わるのではなく、数年前から各間切で食料の増産をするなど国をあげての準備がおこなわれていました。立派な御冠船が那覇港へ入港する様子を見た琉球の民衆はとても感慨深かったかもしれません。

さて、冊封使が那覇港で上陸すると、まず「迎恩亭《げいおんてい》」という場所で休憩をとりました。長い船旅ですので、まずは一休みです。その後、「天使館《てんしかん》」へと移動しました。天使館は冊封使が宿泊する施設で、言うならば迎賓館。「天使」というのは「エンジェル」ではなく、「天子（皇帝）の使い」という意味です。

冊封使が琉球へやってくるのは国王が替わる時。今後数十年はやってこないかもしれません。それまで天使館を空《から》のままにしておくというのはもったいないですね。そのため、天使館は冊封使が来琉している時以外は、砂糖を扱う役所「砂糖座《さとうざ》」として使用していました。

冊封を盛り上げた七つの宴

冊封使滞在の約半年間に七つの宴がおこなわれ、「七宴《しちえん》」と呼ばれていました。

七宴もあわせて、冊封使滞在期間の動きを見てみましょう。まず、最初におこなうセレモニーが泊村にある崇元寺《そうげんじ》でおこなわれる「諭祭《ゆさい》」です。諭祭は前国王の霊をとむらう儀式。新しい国王になるというのは、前の国王が亡くなったということです。そのため、歴代国王の位牌が安置されている崇元寺で、冊封使が中国皇帝の代わりに焼香し、弔いの言葉を読みあげました。そして、酒や茶がふるまわれ第一宴の

「諭祭の宴」がおこなわれました。

次におこなわれるのがメインセレモニーとなる冊封の儀式です。まず、琉球の役人が天使館へ冊封使たちを迎えに行き、首里城へ案内します。首里城の御庭で楽器隊の演奏の中、冊封使が中国皇帝からのメッセージを読みあげ、ここで新しい国王は正式に承認されました。その後、ご馳走がふるまわれ第二宴の「冊封《さくほう》の宴《えん》」がおこなわれました。

第三宴「中秋《ちゅうしゅう》の宴《えん》」や第四宴「重陽《ちょうよう》の宴《えん》」では首里城の御庭《うなー》に設置された舞台で琉球の芸能を鑑賞したり、あるいは龍潭でハーリー（爬龍船《はりゅうせん》競漕。ドラゴンボートレース）をおこなったりしました。さらに、第五宴「餞別《せんべつ》の宴《えん》」や第六宴「拝辞《はいじ》の宴《えん》」で冊封使の帰国を惜しむ宴がおこなわれました。第七宴「望舟《ぼうしゅう》の宴《えん》」で、国王が冊封使の滞在する天使館を訪れて小宴を開き、最後の対面をします。

七宴以外にも、冊封使たちを識名園に招いて歓迎することもありました。冊封使は儀式をおこなえば任務完了ですが、半年間滞在しますので、基本的に時間は有り余っています。そのため宴以外にも、様々な場所へ出かけ、地元の琉球の役人とも交流したりしました。

中国から冊封を受けていたのは琉球だけではありません。琉球のほかにも、朝鮮・安南《あんなん》（ベトナム）・シャム（タイ）・マラッカ（マレーシア）・ジャワ（インドネシア）などアジアの多くの国々が冊封体制下に入っていました。江戸時代の日本は中国との国交は結びませんでしたが、室町時代には足利将軍が「日本国王」として中国の冊封をしばしば受けていました。

この体制は、がんじがらめに支配される現在の人が考えるような「属国」の関係ではなく、中国風の礼式と慣習を表面上でも守ってさえいれば政治的な干渉をされることはありませんでした。そしていざという時は援軍も送ってくれます（たとえば秀吉の朝鮮出兵で、中国明朝は朝鮮に援軍を送っています）。中国皇帝の傘下に入ると、実質的な支配をされないばかりか、軍事的・経済的・文化的に恩恵を受けるという非常に大きなメリットがあったため、アジア諸国はこぞって中国との関係を結んだのです。

冊封から生まれた沖縄のブタ肉料理⁉

中国の冊封使たちが琉球を訪れたことによって、思わぬかたちで生まれた沖縄の食文化があります。それがブタ肉料理です。ブタの角煮の「ラフテー」、ブタ肉の塩漬け「スーチカー」、またチャンプルー料理にもブタ肉が多用されます。

沖縄では日本のように肉食をタブーとする文化はなく、特に好まれていた肉が牛肉でした。冊封使節団が琉球を訪れた際、彼らはブタ肉を食べたいと琉球側に要求します。滞在費用はすべて琉球持ちですから、どうにか調達しないといけません。彼ら使節団は一日に二〇頭のブタを消費しました。使節団は長い時で二五〇日ほど滞在しますから、合計で五〇〇〇頭ものブタが必要です。

一八世紀までの琉球ではこんなにブタはいなかったので国内で調達できず、しまいには隣の奄美《あまみ》からブタを緊急輸入してどうにかやりくりしていました。これではいけない！ということで、一七一三年、王府は冊封使の来航にそなえてブタの増産に乗り出します。各農村に対しブタの飼育を強制したのです。ブタにはイモそのものを食べさせていたようですが、イモの茎や葉も飼料として利用していました。この当時、琉球ではサツマイモの栽培が普及していましたから、それを飼料として与えることができたのが、ブタの飼育をうながす一因にもなったようです。

王府の努力の甲斐あって、これ以降の冊封使節団には十分なブタ肉を供給することができるようになりました。各地で飼育されることになったブタは、やがて冊封使だけでなく、自分たちでも食べるようになり、今日にいたる沖縄のブタ肉料理が生まれたわけです。冊封使は遠い昔のことと思いきや、意外なところで現代の沖縄につながっているというわけです。

朝貢貿易のしくみ

「朝貢（進貢《しんこう》）」とは、冊封体制下にある国が中国皇帝に外交文書と貢物を献上し、お返し品をもらうという外交手段です。朝貢の際に派遣する外交使節団を進貢使と言い、進貢使が乗る船を進貢船と言います。琉球が初めて進貢使を派遣したのが一三七二年、最後の朝貢が一八七四年なので、実に五〇〇年以上にわたり中国へ進貢使が派遣されていました。

一回の朝貢には一〇〇人から三〇〇人くらい派遣されました。進貢使は那覇港を出航し七～二〇日で中国福建省の福州の港に到着します。近世では、琉球が中国へ入国する際に用いる港はここに指定されていました（それ以前は福建省の泉州）。

進貢使のうち大部分は福州にある琉球館（琉球人専用の滞在施設）に残り、正使（使節団のリーダー）・副使（副リーダー）をはじめとする数十人が北京の紫禁城《しきんじょう》へ行き、皇帝に謁見《えっけん》しました。約一年の中国滞在を経て、福州から琉球へ帰国しました。

進貢使を派遣するペースは年代によって異なりました。当初は制限なく進貢使を派遣することができ、平均して一年で三回のペースで進貢使を派遣していましたが、一四七三年に、琉球使節が中国で強盗・殺害事件を起こしたため、ペナルティとして二年一貢（二年で一回の朝貢）という制限ができます。薩摩藩の琉球侵攻後、一時期は一〇年一貢になりますが、一六二二年に五年一貢になり、一六三三年に二年一貢が復活し、以後、王国が滅ぶまで二年一貢のペースで進貢使を派遣しています。

貢物に関しては中国で定められたリストがあり、それに従って献上していました。初期の貢物は馬・硫黄・夜光貝・象牙・コショウなどでした。馬・硫黄・夜光貝が琉球産で、象牙やコショウは東南アジアからの輸入品でした。しかし、東南アジア貿易の衰退や、それまで贈っていた品々を中国側が指定品のリストから外したことによって、貢物の内容も次第に変化していきます。具体的には馬や夜光貝が中国では無用として貢物のリストから除外され、貿易の衰退によって入手できなくなった東南アジア製品の代わりに、薩摩藩を通じて入手した銅や錫《すず》を貢物としました。

さて、近世期には接貢船《せっこうせん》という船が登場します。接貢船は中国から帰る進貢使が乗る船です。進貢船は那覇を出発し福州で進貢使を降ろし那覇へ帰りますが、接貢船は那覇を出発し福州で使節団を乗せて那覇へ帰ります。進貢船が福州で待っておけばいいのでは……と思うかもしれませんが、ちゃんとメリットがあるのです。

進貢船は進貢使を乗せた外交目的の船ではありますが、中国の皇帝への貢物以外にも多くの貿易品を載せており、これらの貿易品は福州の商人へ売っていました。進貢使や貢物・貿易品を降ろした後、空になったスペースをそのままにしておくのではなく、現地の貿易品を購入し船いっぱいに詰め込み、琉球へ持ち帰ります。

使節団が北京へ行っている間、なにも船は福州で待っている必要はなく、接貢船で再び迎えに行けば一度の航海で二度おいしかったのです。一度の朝貢で二度の貿易をおこなうことができます。

朝貢以外にも中国へ外交使節団を派遣する機会がありました。新しい中国皇帝が即位した際に派遣する慶賀使《けいがし》、新しい国王への冊封を感謝するために派遣された謝恩使《しゃおんし》です。これらの外交使節団が中国へ持っていく品は朝貢の際の貢物とは違い、琉球漆器や紅型《びんがた》などの琉球の工芸品、日本から輸入した日本刀や甲《かっ》冑《ちゅう》などでした。現在でも北京の故宮博物院などに琉球が献上した貢物が残されています。

インターナショナルな琉球人

中国皇帝の住む北京には、諸外国からたくさんの使者たちが貢物を持って参上しました。北京故宮博物院が所蔵している「万国来朝図」という絵には、紫禁城（故宮）に集合した進貢国やそのほかの国の使節団が描かれており、アジアだけでなく、中東や遠くはヨーロッパからの使節も描かれています。ただし、実際の様子を描いたわけではなく、イメージを絵にした想像図に近いものと思われます。

その中にはもちろん「琉球国」の旗を持った琉球使節も描かれています。北京では、ほかの朝貢国をはじめとする諸外国の使節団とも交流がおこなわれていました。たとえば琉球使節がカザフスタンの使節と交流した記録があります。お互いに中国語通訳を連れていたので、意思の疎通は楽にできたはずです。当時の琉球人がカザフスタンの人と何を会話したのか気になりますね。このように朝貢で北京を訪れる琉球人たちは海外情報通だったのです。

「鎖国」中の日本では、江戸幕府は海外情報を入手するため、薩摩藩を通じて琉球が中国で入手した情報を送らせていました。中国への朝貢が終わると、琉球は薩摩へ情報官（唐之首尾御使者《とうのしゅびおししゃ》）を派遣し、国際情勢の動向を報告していたのです。琉球が海外事情に通じていたからこその役割です。

国境を越えて活動していた琉球人は、「鎖国」下の江戸時代の日本人では考えられない体験をすることもありました。城田親方天祐《ぐすくだうぇーかたてんゆう》（毛維基《もういき》）という人物は琉球使節として北京にも江戸にも訪れており、琉球国王・尚穆《しょうぼく》、中国皇帝の乾隆帝《けんりゅうてい》、日本の将軍・徳川家重に謁見したことのある人物で、特に皇帝の顔を拝んだ時には「家門（一族）の栄光なり」とコメントしています。一人の人間が三ヵ国の統治者に直接会うことは異例中の異例です。当時の日本では中国皇帝の顔を見た人間などまず、いません。もちろん中国で徳川将軍の顔を見た人も。

王国時代、多くの琉球人が海外へ出向いて行きました。城田親方のようなインターナショナルな体験をすることは、当時の琉球の人々にとって決して珍しいことではなかったのです。

薩摩藩と琉球の関係

一六〇九年、琉球王国は薩摩藩の島津氏《しまづ》から侵略されてしまいます。その後の琉球王国は、中国との国際関係をそれまで通り続けながら、江戸幕府の体制下に組み込まれることになります。しかし琉球という国家そのものがなくなったわけではありません。薩摩藩は琉球の政治にちょくちょく介入をすることもありましたが、最終的に政策を決定、実行するのはあくまで首里王府でした。政治的な主体性はちゃんと保たれていたのです。

さて、薩摩藩としては、琉球を支配下に置くために業務の窓口となる出張所が必要でした。そこで那覇に設置されたのが「在番奉行所」（御仮屋《うかりや》）です。いわば、薩摩藩出張所になります。ここに薩摩藩から派遣されてきた役人がいて、薩摩藩の窓口として業務をおこなっていたのです。

在番奉行所に勤める薩摩役人の中心となるのが「在番奉行」です。彼のおもな業務は薩摩への税の輸送の監督、琉球にキリスト教徒がいないかの監視などがありました。任期は三年で、任期を終えると薩摩へ帰っていきました。その他にも十数名の薩摩藩のスタッフが琉球に滞在し、業務をおこなっていました。もちろん彼らにも任期があり、任期を終えると薩摩へ帰っていきました。

薩摩藩の窓口となっていた在番奉行所ですが、琉球側にも対応役のスタッフがいました。その対応役を務めていたのが、在番奉行所の所在する那覇出身の役人です。彼らは行政的な調整や薩摩役人の監視を任務としていました。たとえば、薩摩役人から首里王府に何か連絡がある時には、担当となる那覇の役人にまず伝え、那覇の役人から王府（評定所）へ連絡が行きました。逆に王府から薩摩役人へ連絡がある時にも、那覇の役人を通して薩摩役人へ伝えられたのです。

しかし、那覇の役人の仕事はそれだけではありません。なんと薩摩役人の接待もおこなっていたのです。たとえば、那覇の一大イベントだった那覇《なは》大綱挽《おおづなひき》やハーリー、競馬などがある時には、一緒に観戦に出かけていました。しかも、弁当は那覇の役人が持参し、特等席も用意してあるというＶＩＰ待遇です。その帰りには飲み会をひらくこともありました。

あるいは年の節目のご祝儀として贈り物をしたり、自宅に招待してご馳走を振る舞う、といったご近所付き合い的なことまでしています。逆に那覇の役人たちも薩摩役人から贈り物をもらうことがありました。このように那覇の役人たちは薩摩役人を接待しながら、親密なお付き合いをしていたのでした。

那覇の役人と薩摩役人は飲みながらどのようなことを話したのでしょうか。薩摩と琉球の文化の違いや、あるいは薩摩役人のお国自慢を延々と聞かされていたのかもしれません。会話を想像するとおもしろいですね。

冊封使が来たら退去！　薩摩役人もつらいよ

在番奉行所には日常的に薩摩役人がいたのですが、ある期間のみ、空っぽになる時がありました。それは冊封使が来琉した時です。さて、どういうことでしょうか。

琉球にやってきた冊封使は、薩摩役人のいる在番奉行所のとても近く（直線距離で約二〇〇メートル）にあった、「天使館」という施設に宿泊していました。当時の琉球は薩摩藩からのお達しで建前上、中国に対しては薩摩藩（日本）との関係を隠していました。ですので、首里王府としては冊封使（中国人）の前で薩摩役人（日本人）にウロウロされては困るのです。そのため冊封使の滞在期間中、薩摩役人は那覇から離れた浦添《うらそえ》間切城間村《ぐすくまむら》（現・浦添市城間）という場所に一時退去していたのでした。

ところで、在番奉行のスタッフは、琉球で通常業務だけではなく、サイドビジネスも手がけていました。附役《つけやく》というスタッフの黒田《くろだ》藤十郎《とうじゅうろう》は、米・大豆・カツオブシを那覇の女性に売りつけ、また菜種油やお金を琉球人に貸し付けたりしていました。しかし琉球人はしたたかです。黒田は商品の代金を後払いの約束で売ったのですが、那覇の女性からは金銭が返済されず、また貸し付けた商品やお金も戻ってこない始末。堪えかねた黒田は一八五六年、王府に事の次第を訴えて解決をはかったことが記録に残っています。こうした事件の詳細がわかるのも記録があったおかげなのですが、黒田は琉球人にしてやられ、その損害は三万貫（現在のお金に換算して約二八〇〇万円）以上。サイドビジネスは大失敗に終わったというわけです。

ここで明らかになるのは、薩摩の在番奉行には琉球人を独自に罰する権限はなく、あくまでも裁判権は琉球側にあったということです。支配者といえども、逮捕は王府に任せるしかなかったのです。薩摩はたしかに琉球を支配下におさめていましたが、植民地総督のように琉球人たちに横暴を働けたわけではなく、限られた権限しか持っていなかったことがわかります。

江戸へ行った琉球使節と大人気アイドル・楽童子

琉球は使節団を派遣して日本の徳川将軍に挨拶に行くことがありました。新しい将軍が就任した時（慶賀使）、琉球国王が新たに即位した時（謝恩使）に合わせてです。この使節派遣のことを「江戸立《えどだち》（江戸上《えどのぼ》り）」と言いました。琉球から江戸へ派遣される使節団は、王子クラスの人が正使（使節団リーダー）を務め、国王から将軍への手紙（書翰）を管理する人など総勢一〇〇人前後で構成されていました。

使節団の中には歌や踊りを担当する人もいました。それが「楽童子《がくどうじ》」と呼ばれる人たちで、五～八人ほどいました。楽童子を務めたのはなんと一〇代前半くらいの少年。江戸立がおこなわれる際に臨時で任命されました。大人たちに交じって一〇代前半の少年たちが国の重要な任務を背負っていたのです。楽童子たちは道中で楽器の演奏、また江戸の将軍や諸大名の前で舞踊や書道を披露し、歌を詠むことで日本の文化人たちと文化的な交流をおこなっていました。

おもしろいのは、楽童子になる条件の一つが美男子であること！　そりゃあ、むさ苦しい筋骨隆々の男が歌って踊るより、美男子が歌って踊っていたほうがいい気がしますよね。そして、彼らは女性と見間違えられるほど美しい衣裳を着ていました。歌って踊れて、美しい出で立ちの一〇代前半の美男子の楽童子。まるで琉球のアイドルグループといった感じでしょうか。

楽童子に任命されてから江戸立への出発、そして彼らが帰国するまでをくわしくみてみましょう。まず、任命は出発の一年以上前でした。準備期間を充分に取り、首里のお寺を合宿所にして歌や舞踊のレッスンに励みます。

楽童子たち江戸立のメンバーが那覇を出発するのは五月中旬から六月にかけてです。この期間に吹く風に乗って、まずは船で鹿児島にある「琉球館」を目指しました。琉球館は首里王府の出張所で、琉球側の役人が勤めていました。三日ほどで鹿児島に着いたメンバーは琉球館に約三ヵ月滞在し、これからの長旅の準備をします。

馬に乗った楽童子　那覇市歴史博物館提供

鹿児島を出発するのは秋頃。船で長崎・福岡を経由し、瀬戸内海へ回り込み、大坂へ向かいます。大坂から先は陸路で中山道や東海道を経由し、江戸へ向かいました。江戸へ向かう道中の町ではもてなしを受け、一方の楽童子たちも歌や踊りを披露しました。まるでアイドルの全国ツアーのよう。道中では各地の名産物を食べたり、観光もしていたようです。

旅は進み、江戸へ着く頃には冬になっています。江戸での滞在は約一ヵ月。その間に江戸城へ登城し、徳川将軍と会ったり、あるいは上野の東照宮へ行ったりと公務を済ませました。もちろん、楽童子たちは将軍の前でも歌や踊りを披露しました。将軍の前で歌や踊りを披露するなんて、とても緊張したことでしょう。そして、約一ヵ月の江戸滞在のあと、再び陸路にて大坂を目指します。そして、行きと同じように船で瀬戸内海を経由し鹿児島まで行き、那覇へ着く頃には春になっていました。江戸立は出発から帰国までほぼ一年の長旅でした。

江戸立の道中、琉球使節は人々の注目の的でした。大きな街では音楽を奏でパレードをおこない、たくさんの見物人が集まりました。琉球使節がやってくる直前の日本各地では、パレードの様子を解説したパンフや、琉球に関する本が刊行されたり、琉球ブームが巻き起こっていました。使節団の通る街の人々は解説パンフを持って「パレードはまだか！」と道端で待ちかねていたことでしょう。

琉球使節の中でも一番人気はもちろん楽童子。特に一八三二年の江戸立の際に楽童子を務めた小禄里之《おろくさとぬ》子良忠《しりょうちゅう》（馬克承《ばこくしょう》、後の小禄親方）はとても人気だったようです。

彼は一〇歳で楽童子に任命され、約二年半の準備期間を経て江戸立に出発、道中で楽童子として活躍して一年後に帰国しました。この時に刊行されたパレードの様子を解説したパンフの小禄里之子の絵の横には、なんと「いたって美少年なり」という記述があります！　パンフを見た人々はきっとどんな美少年なのかと好奇心をそそられたことでしょう。現代であれば、うちわとかタオルなどの小禄里之子グッズが作られたかもしれません。

欧米諸国とも交流！

琉球王国は日本や中国だけではなく、欧米の国々との交流もありました。一八〇〇年代になると、イギリス・フランス・アメリカなどの欧米船が、東アジアに頻繁に来航するようになります。ところで、西洋の国々はなぜ小さな琉球を訪れたのでしょう。当初は、欧米諸国は調査や探検の途中に琉球に寄港しただけでした。たとえば、植民地化しようとか貿易をしようとか、琉球に対して積極的な行動はとっていませんでした。

一八一六年に琉球を訪れた西洋人にイギリスのバジル・ホール一行がいます。彼らは琉球の人々からあたたかいもてなしを受けていました。ホールらの乗るイギリス艦隊が沖縄島の沿岸に停泊した際、島から小舟で人々がやってきて、水や食料、海で獲れた魚を差し出したのです。彼らは代金を一切受け取らず、ホールは「われわれはこれほど好意的な人々に出会ったことはかつてない」と述べています。琉球王府も丁重な対応で、必要な食料や資材を無償で提供、宴会にも招待しています。

上機嫌で帰国したホールらは、後にセント・ヘレナ島に幽閉されたナポレオンのもとを訪れ、琉球という武器や貨幣のない国があると説明し、ナポレオンを驚かせたというエピソードもあります。

なんだか心温まるエピソードのようですが、実は、これには裏がありました。当時琉球王国は、日本・中国との関係を壊したくないという理由から、欧米諸国との交流に消極的でした。そこで王府は欧米人にすぐ立ち去ってもらうためには、厳しい対応をするよりは優しい対応をしたほうがいいだろうと考えたのです。そして、琉球の内情をできるだけ知られないように気をつけていました。バジル・ホールが琉球に武器や貨幣がないと思ったのは、琉球側がそれを隠していたから。代金を受け取らなかったのは、受け取ってしまうと「交易」が成立してしまうため、あくまでも無償提供というかたちにこだわったからなのです。江戸時代の日本では、長崎でオランダとの交易が認められていた以外に他の欧米諸国と交易することは禁じられていたので、薩摩支配下の琉球にもそれは適用されていました。

とは言え、琉球人の対応すべてが偽りだったのではなく、イギリス人らと接した通訳官は、別れの際に自分のタバコ入れと水晶の飾り、自分で書いた自画像を贈り、「イイドゥシ！　イイドゥシ！（わが友よ、わが友よ）」と泣きじゃくりながら別れを惜しみました。国の方針はどうであれ、実際の人と人との交流では、琉球の人々は真心で接していたようです。

「怒りの宣教師」ベッテルハイム

欧米列強のアジア進出が活発になるにつれ、欧米船の琉球への来航も増加していきます。一八四〇年には沖縄島中部西海岸の北谷《ちゃたん》間切（現・北谷町）沖でイギリス船インディアン・オーク号が座礁する事件、また一八五二年には八重山の石垣島沖でロバート・バウン号の中国人苦力《クーリー》らが反乱を起こして石垣島に上陸、英米船が石垣島の苦力らを砲撃・殺害するロバート・バウン号事件も起こっています。

その中でキリスト教を日本へ布教するための足がかりとして琉球に宣教師が派遣されていきます。日本の幕藩制国家の体制下にあった琉球でもキリスト教は厳禁で、王府は彼らを歓迎しませんでした。フランスのフォルカード神父は琉球に滞在しますが、目的を果たせず帰国します。

一八四六年にはイギリスの宣教師、バーナード・ジャン・ベッテルハイム（一八一一〜一八七〇）が、イギリス商船に便乗して家族とペットの犬とともに琉球を訪れます。ベッテルハイムはハンガリー生まれのユダヤ人で、医学博士にして一四ヵ国語をあやつる「語学の天才」でした。彼は那覇の護国寺に滞在所をあてがわれ、琉球語も習得し、街角に立ち大声で神の教えを説いて布教を試みます。白人が流暢な琉球語を話す様子に、人々は驚いたはずです。

しかしキリスト教を広めてほしくない王府は彼の外出には必ず監視をつけ、活動をことごとく妨害。ベッテルハイムは気性の激しい人だったようで、しばしばカンシャクを起こし暴れます。ついには神の教えを書いた冊子を何百冊も作り、方々の屋敷へ投げ入れて無理やり読ませようとしますが、これも監視されていて、彼が去った後はすべて回収されてしまいます。懸命かつ強引な彼の活動はまったく報われませんでした。

ベッテルハイムは医師でもあったので、滞在する護国寺で診療所を開きます。ここには琉球人の医師である仲地《なかち》親雲上《ぺーちん》紀仁《きじん》（松景慎《しょうけいしん》）もひそかに訪れ、天然痘の治療法を学んでいます。

家族で滞在していたベッテルハイムですが、なんと琉球で子どもも生まれています。生まれたのは女の子で、「ルーシー・ファニー・リューチュー・ベッテルハイム」。彼女には「リューチュー」、つまり「琉球」の名がつけられたのです。

ペリーも琉球にやってきた！

江戸時代に黒船艦隊で乗り込み開国を迫ったアメリカのマシュー・カルブレイス・ペリー。彼は日本の歴史で非常に有名な存在ですが、実は日本の浦賀に来航する以前に琉球を訪れ、ここを前線基地にしていたことはあまり知られていません。

浦賀に来航する少し前の一八五三年五月、ペリー艦隊は那覇港に出現。彼はこれまでの欧米の来訪者と違い、力ずくで琉球に言うことを聞かせようと強硬な姿勢で交渉にのぞみました。

ペリーは那覇に蒸気船の燃料となる石炭貯蔵庫を築くことを求め、さらに首里城で国王との面会を迫ります。日本の江戸幕府すら屈服せざるをえない強大な軍事力を持ったペリーに対し、琉球王府はどのように対抗したのでしょうか。

その方法とは「柔よく剛を制す」。相手の要求を聞くふりをしながら、のらりくらりとかわし、交渉を長引かせ、最後にはあきらめて帰ってもらおうとする外交戦術でした。驚くべきことに、琉球は「ダミー王府」を作って交渉にのぞみます。欧米側とやり取りをする時は、実際の王府の役人が対応するのではな

ペリー来航時の琉球王府の対応図

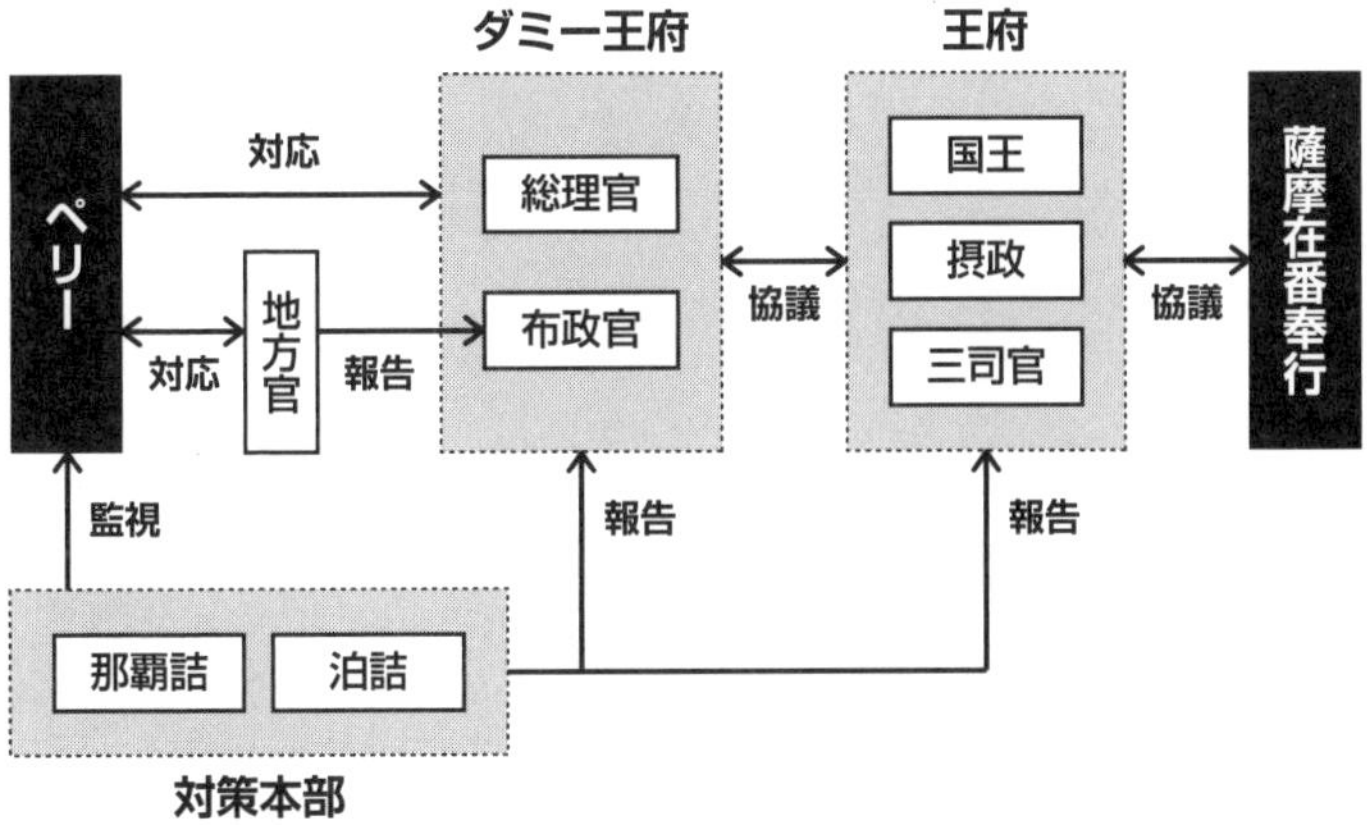

く、架空の政府と役職を作って、彼らに担当させたのです。琉球には存在しない「総理官」や「布政官」を置き、さらに「たらい回し」戦術も駆使します。

ダミー王府の役人はペリー側に「上の者に聞いてみないと決められません」と回答、さらに上の者もまた「上の者に……」と繰り返して時間稼ぎをし、その間に実際の王府の役人たちが対策を練っていたのです。この方法は欧米船との間に何かトラブルが起きても、架空の役職の人を処罰して、体裁を保つことができる、というメリットもありました。あくまで異国船向けのパフォーマンスなので実際に処罰はしないわけです。

さらに欧米側に対して琉球の実情を隠すために「異《い》国《こく》人《じん》江《へ》返答《へんとう》之《の》心得《こころえ》」という回答マニュアルを作成。万が一欧米人が質問してきても完璧にウソを通せるように琉球中で「口裏合わせ」をしました。たとえば琉球には遊郭はない（ウソ）、日本の商品は「宝島《たからじま》」という国の商人が持ってくる（これもウソ）、奄美は琉球がずっと支配している（これまたウソ）などなど。

アメリカ側は琉球の一体誰と交渉しているのか、要求は受け入れられているのか、さっぱりわからない。ヌエのような琉球外交にペリーは次第にいらだち、「東洋的なかくれんぼう外交」と不快感をあらわにします。こうした琉球のやり方は卑怯にも見えますが、力でねじ伏せようとする相手に弱者が立ち向かう唯一の手段だったと言えます。

しかしそこはやはりペリー。海兵隊二個中隊と大砲二門を携えて強引に首里城を訪問。琉球側は一行をやむをえず中へ入れてしまいます。首里城の北殿と城外の大美御館《うふみうどうん》で歓迎の宴会が開かれますが、結局、国王と王の母は出席せず、ダミー王府のメンバーが相手をして、どうにか帰ってもらいます。ちなみにあのベッテルハイムもアメリカ側の通訳として同行しています。

さらにペリーは石炭貯蔵庫の設置も要求しますが、これもまたダミー王府のみなさんが交渉を引き延ばしたすえ、当初の要求とはまったく違う粗末な小屋を建てただけで終わり。一八五四年に琉球はアメリカとの修好条約を締結させられましたが、この時も調印したのはダミー王府。偽の印鑑まで作って調印します。架空の政府を作って対応し、ついには条約まで結ぶとは、現代では考えられないことですが、小国として大国とお付き合いする上での知恵だったのでしょう。

ペリーを驚かせた通訳・牧志朝忠

こうしたペリー側との交渉で活躍した通訳官が牧志《まきし》親雲上《ぺーちん》朝忠《ちょうちゅう》（向永功《しょうえいこう》）です。彼は身分の低い士族でしたが優秀な人物で、琉球の最高学府（国学）を出て中国へ留学、中国語を学び、帰国後は英語を習得していた与世山《よせやま》親方政輔《うぇーかたせいほ》（東順法《とうじゅんほう》）から英語を学びました。

欧米船とのやり取りは、同行している中国人を介して中国語でおこなうのが基本です。牧志親雲上もペリー艦隊とのやり取りの際、最初は中国語を話していましたが、突然英語で初代アメリカ大統領ワシントンの話を始め、ペリーらを大いに驚かせます。牧志の英会話能力は、当時琉球に滞在していたベッテルハイムとの交流の中でも磨かれたようです。

幕末、牧志のような英語を話せる人物は日本でもごく少数。この才能に注目したのは、薩摩藩主の島津《しまづ》斉彬《なりあきら》でした。開明的な斉彬はよく知られるように薩摩藩の近代化を進め、次々と改革を進めていきます。琉球を欧米諸国の窓口として利用しようと考えた斉彬は、これまでになく琉球への内政干渉を強め、「薩摩派」とも言える王府内の官僚たちを王府の中枢へと据えるよう圧力をかけていきます。牧志は斉彬がバックとなり、異例の出世をとげ、ついに評定所の表十五人衆の日帳主取（事務次官）に就任します。

斉彬は奄美大島と沖縄の運天港《うんてんこう》を開港させ、フランスから軍艦と最新鋭の銃を、琉球を介して購入する計画を立て、両者間でこの取引は成立します。しかし実行の直前で斉彬が急死。計画は中止となりました。斉彬という強力な後ろ盾がなくなると、それまで冷や飯を食わされていた王府の守旧派が盛り返し、「薩摩派」を徹底的に追い落としていき、牧志も失脚。罪を着せられて一〇年の流刑に処せられます。

しかし彼のような優秀な人材を薩摩は放っておきません。薩摩藩は牧志の身柄の引き渡しを要求し、薩摩へ連れて行こうとしましたが、薩摩へ向かう途中、牧志は突然、海へ身を投げて死んでしまいました。

もし彼が生きていたら、薩摩で活躍の場を与えられ、明治維新で活躍したかもしれません。牧志親雲上朝忠は、それほど幕末の琉球で傑出した人物でした。

第3章 国王と士族、庶民のくらし

琉球国王の素顔

琉球王国《りゅうきゅうおうこく》の王統は天皇家のように「万世一系」ではなく、いくつもの血統の異なる王統が交代しました。琉球最初の王統と伝えられているのは「天孫氏《てんそんし》」ですが、これは二五代で一万七八〇二年にわたって続いたとのこと。各王の寿命を平均すると、なんと七一二歳！　おわかりの通り、これは後に創作された伝説の王統で、実際には存在していません。

実在の王統としては、中山《ちゅうざん》の舜天《しゅんてん》・英祖《えいそ》・察度《さっと》王統と続き琉球を統一した王統が第一尚氏《しょうし》王統。家臣の金丸《かなまる》がクーデターで同じ尚姓を名乗り、王統を継いだのが第二尚氏王統。この王統が明治まで続きます。近世の国王たちの中には、とても個性豊かな人物がいました。

薩摩軍の侵攻を受けた尚寧王

第二尚氏王統の第七代・尚寧王《しょうねいおう》（一五六四〜一六二〇）は薩摩《さつま》島津《しまづ》軍《ぐん》が琉球に侵攻した時の王です。もともと彼は首里の北にある浦添《うらそえ》グスクに住んでいた王族でしたが、先代の王に後継ぎがいないことから首里に移り、王となった人物です。

彼が二六歳で即位した直後、琉球をゆるがす大事件が起こります。豊臣秀吉が琉球に対し属国となるよ

歴代の琉球王朝

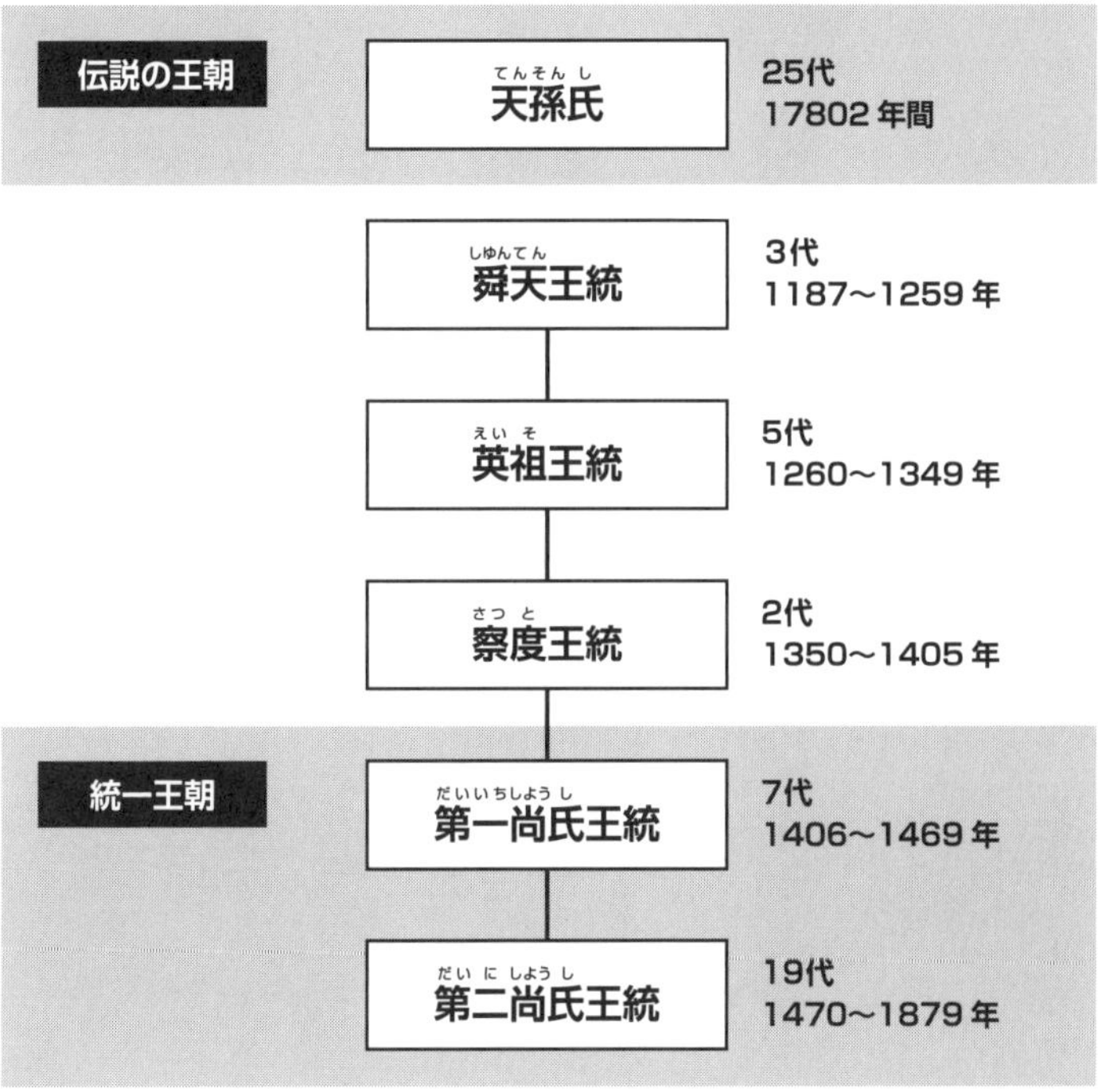

う求め、断った場合は滅ぼすと脅迫してきたのです。尚寧はひとまず使者を送ったものの、これ以降、次々と理不尽な要求を突き付けられ、一部それを受諾します。首里出身の王ではない「外様」だった尚寧王は、反発する国内の世論と秀吉の脅迫に板ばさみとなり苦しみます。

秀吉の死後、尚寧王は秀吉時代の反省から徳川新政権の要求を断り続けますが、薩摩の島津氏がこれに乗じて琉球へ侵攻、征服されてしまいました。捕えられた尚寧王は江戸へ連行され、将軍に謁見《えっけん》。琉球の王が異国へ連れて行かれるのは前代未聞のできごとでした。故郷とまったく違う気候・風土は琉球人にとって厳しく、道中、一行はバタバタと病に倒れ、弟の具志頭王子朝盛《ぐしちゃんおうじちょうせい》（尚宏《しょうこう》）も静岡で死んでしまいます。遠い異国の地で弟を失った尚寧王は何を思ったのでしょうか。

二年後、琉球への帰国を許された尚寧王ですが、薩摩から永久に背かない旨の誓約書にサインさせられ、琉球の政治にも様々な規制が設けられ、たびたび薩摩藩に介入されます。尚寧王はただ従ったわけでなく、「日本の代なり迷惑（日本の時代になって迷惑だ）」と明言し、不快感をあらわにしています。

激動の時代を生きた彼は一六二〇年に亡くなりますが、首里《しゅり》の王墓・玉陵《たまうどぅん》ではなく地元の浦添ようどれに葬られました。

なお伝承によると、尚寧王妃は夫が薩摩軍に連行されたことでショックを受け、精神を病んでしまったそうです。彼女は城外の別邸で静養していましたが、北から風が吹くと薩摩が攻めてくると悲しみ、西から風が吹くと中国の助けの船が来ると喜んだそうです。

近世の黄金時代を築いた尚敬王

第二尚氏王統の第一三代・尚敬王《しょうけいおう》（一七〇〇～一七五一）は近世琉球の黄金時代を築いた名君です。一四歳で王位に就きますが、幼い尚敬王をサポートしたのが、近世琉球の大政治家・蔡温《さいおん》（具志頭親方文若《ぐしちゃんうぇーかたぶんじゃく》）でした。蔡温は王の教師（国師《こくし》）となり、少年王に帝王学を徹底的に叩き込みます。この尚敬・蔡温のタッグが、当時琉球が抱えていたいくつもの問題を解決していきます。

蔡温の主導でおこなわれた様々な改革は、歴史書（『中山世譜《ちゅうざんせいふ》』）の改訂、農業・林業の刷新、羽地大川《はねじおおかわ》の大規模な改修、民衆に儒教テキスト（『御教条《ごきょうじょう》』）を配って儒教道徳を広める、商工業の活性化などです。芸能文化も発展し、この時期に沖縄を代表する「組踊《くみおどり》」（世界無形文化遺産に登録）も誕生。後の時代にも受け継がれる様々な文化・風習が確立します。

この時代以降、琉球では「三司官は四人いる」と言われたそうです。蔡温の死後も、現役の三司官以外に、蔡温の教えという「もう一人の三司官」がいる、という意味です。それほど尚敬王と蔡温のタッグが築いた時代は、後の世にも多大な影響を与えていたことがわかります。

尚敬王は一七二六年に沖縄島北部への巡幸をおこなっています。王が自ら家臣団を率いて北部まで出向き、民の実情を視察することは前代未聞のことでした。おそらく蔡温のすすめもあったのでしょうが、名君たらんとする尚敬王の心意気が伝わってくるようです。

ちなみにこの時、尚敬王は恩納《おんな》間切（恩納村）の海岸に広がる荒野におもむき、「万人が座ることのできる野原」という意味の名称「万座毛《まんざもう》」をこの場所につけたと言われています。

彼は五二歳で亡くなってしまいますが、蔡温という傑出した人材が力を発揮できるような環境をつくったことは、王として人の上に立つ者の才能であったと言えるでしょう。

苦労人・尚育王

第二尚氏王統の第一八代・尚育王《しょういくおう》（一八一三〜一八四七）は内憂外患の社会状況のうえ、家庭事情でも苦労した王でした。

尚育王が生まれたのは首里城ではなく、別邸の識名園《しきなえん》でした。母がここで急に産気づき、生まれたのです。また少年時代は国内に天然痘などがまん延したため、感染を防ぐために識名園に隔離され、寂しい日々を送っていたそうです。そこで識名園にしばしば三線《さんしん》の遣い手である野村里之子親雲上安趙《のむらさとぬしぺーちんあんちょう》（毛文楊《もうぶんよう》、現在の三線・野村流の祖）が訪れて歌や三線を演奏し、慰めていたというエピソードもあります。

この頃、父である尚灝王《しょうこうおう》は精神を病み、奇行が絶えず国王としての務めが果たせなくなります。そのためわずか一五歳で国王の代理として国政に当たることになります。尚育王が国を治めた時代は、王国の経済状況は悪化していました。地方行政である各間切《まぎり》の農業生産力が低下したため税収が低下し、その対応策として各間切には王府から財政立て直し役の人を派遣しています。

特に大きな負担だったのが、一世一代のビッグセレモニー、国王の即位式である冊封《さくほう》です。中国から冊封使節団を迎えておこなうこのセレモニーは、経費はすべて琉球が払いますから、大変な負担となります。数百人の使節団が半年以上滞在するわけですから。コストを削減すればいいのでは、と思いますが、王を任命するための国賓にそんなことはできません。

冊封の費用をどうまかなうか、一大セレモニーの前には、琉球は常に頭を悩ませていました。しかも尚育王の時代は国家財政が大きく傾き、まったく余裕がない状態。

そこで尚育は、琉球中の民からの寄付に頼ることにしました。交易をおこなって儲けていた資産家たちをはじめ、全国から献金が集まります。王府は見返りとして高額な寄付をした裕福な百姓身分のものは、士族に取り立てました。

彼らのおかげもあって冊封は一八三八年、無事におこなうことができました。この時の寄付はかえって冊封の予算を上回る額で、余ったお金（二四〇万貫文、現代のお金に換算しておよそ二二億円）は疲弊していた各村に救済金として交付しています。

一方、彼は首里の各村に公立学校を設置し、最高学府（国学）に孔子廟を建てるなど文教政策を積極的に進めています。対外関係では来航する欧米船に翻弄され、特にベッテルハイムが強引に琉球に滞在して布教活動をおこなっていることは悩みのタネでした。尚育王の苦悩の程度は大きく、清朝に、イギリス政府にベッテルハイムをひきとってくれるよう仲介を頼んだほどです。

内憂外患の中、尚育王は突然息をひきとります。三五歳という若さでした。死因は詳しくはわかっていませんが、急性の消化器系の病気だったようです。

悲劇のラストキング・尚泰王

第二尚氏王統の第一九代・尚泰王《しょうたいおう》（一八四三～一九〇一）は琉球王国が滅亡した時の国王です。

尚泰王　那覇市歴史博物館提供

尚泰王は尚育王の次男。本当はお兄さんの尚濬《しょうしゅん》という王子がいて、王位は彼が継ぐはずでした。しかし一三歳で亡くなったため、尚泰に王位継承権がまわってきたのです。しかも父の尚育が三五歳で急死し、わずか六歳で国王となります。この時代はペリーをはじめとした欧米列強が琉球に押し寄せ、また自然災害や幕末の経済的混乱の余波が琉球を襲い、国内はガタガタの状態でした。頼みの綱の中国もアヘン戦争や太平天国の乱でもはや死に体。

そして日本は明治維新で新政府が誕生し、「日中両属」だった琉球を日本の領土に完全に組み込もうとします。明治天皇による「冊封」で尚泰を「琉球藩王」にし、中国への朝貢停止を通達するなど次々に布石を打ち、一八七九年（明治一二）に日本の軍隊・警察が首里城を制圧。三六歳の尚泰は退去を命じられ、琉球王国は滅亡します（琉球処分）。

尚泰王が首里城を退去する際に詠んだと広く信じられているのが、次の琉歌です。

「戦世《いくさゆ》ん終わてぃ　弥勒世《みるくゆ》んやがてぃ　嘆《なじ》くなよ臣下　命《ぬち》どぅ宝《たから》」

（戦の世が終わって、平和な世がやがて来よう。嘆くなよ臣下、命こそ宝なのだ）

しかしこれは史実ではありません。この琉歌は近代に入って琉球処分をテーマにした「首里城明け渡し」の芝居の中で使われたもので、尚泰王が詠んだというのはフィクションです。しかし、日本の軍隊・警察が首里城へ乗り込んできた時、泊村《とまりむら》のある士族が「われら泊村の人間が一丸となって当たれば日本のヤツらを撃退できます！」と進言したところ、尚泰王は「ならん。臣下の命が大事である」と答えたと伝えられています。この時のエピソードが前の琉歌のもとになっているのかもしれません。

尚泰王は日本の大名と同じく「華族（侯爵）」となり、東京移住を命じられます。一方、王位継承者の邸宅であった中城御殿《なかぐすくうどぅん》が尚家の邸宅として、沖縄での拠点となります。尚泰王は明治後半、一九〇一年に亡くなりますが、以後、尚家の子孫は東京で暮らし続けます。尚泰王の直系の血筋はそのまま「尚」姓を名乗り、現在も末裔の方がいらっしゃいます。

尚泰王には人間臭いエピソードも多く伝わっています。幼くして国王に就いた彼は育ての母である乳母にベッタリで、六歳になっても乳母の乳を飲み続けていたと言います。国王となってからも乳母は尚泰に付き添い、成人してからも折にふれて乳母の屋敷に女官を遣わし、健康を気づかっていたそうです。そして尚泰王が東京に移り、臨終の際に発した最期の言葉は、

「ワーアンメー、ワーアンメー（わが乳母よ、わが乳母よ）」

だったとのこと。最期まで尚泰王の心の支えになっていたのは、一番大好きな乳母だったようです。

国王の一日

ところで、国王がどんな生活をしていたのか、気になりませんか？　ここでは国王の一日をご紹介したいと思います。

【朝】

午前六時ごろ（六ツ時分）に起床、まずはお手洗いを済ませます。その際は必ず専用の着物に着替えて行ったそうです。そして、女官が用意した洗面器と緑豆を粉にした洗顔料と塩で洗顔や歯磨きをし、女官の手によってしぼられた手ぬぐいで首筋や手足などを拭きました。次に髪を結いなおし、色御衣《いろぎよい》（藍染めの絹絣《きぬがすり》衣裳）に着替えて女官の大勢頭部《おおせどべ》と共に正殿の二階（大庫理《うふぐい》）へ向かいます。

正殿ではまず、朝の祭祀行事に参拝して、その後は二階御殿でお茶を飲んだり、喫煙をしたりしてくつろぎました。その間に王妃や王夫人に付いている女官が、やってきて朝のあいさつを申しあげました。

お茶のあと、朝食が運ばれてきます。朝食は寄満《ゆいんち》で準備されていました。調理が済むと大台所筆者《うふでーじゆひつしや》が細かくチェックしたあと、何人かの女官の手を通じて、最終的に大勢頭部が国王に朝食を渡しました。日常の食事は和食中心のものだったようです。寄満で作られる食事は王府の予算から出ていましたが、その他に王妃や王夫人の私費で作られる愛情献立もありました。

【昼】

朝食のあと、琉装に着替えて書院にて、評定所から上がってくる事案の決裁や、国の政治や儀礼に関する命令を出す、という日常の業務をしていました。業務の間に奥書院《おくしよいん》へ行って休憩をしたり、二階御殿からの景色を楽しんだそうです。この時には御近習《ごきんじゆう》の者たちが話し相手になりました。

午後二時ごろ（八ツ時分）に色御衣に着替えて昼食をとりました。この時、大勢頭部が一緒に食事をして国王の食欲などを観察していました。午後は再び業務をおこなったり、仕事が片付くと御近習や仲の良いお仕えの者を呼んで、囲碁や歌三線《うたさんしん》、舞踊を楽しんだり、あるいは談笑や読書、書道などを楽しみました。また、仕事の合間を見つけて、識名園や御茶屋御殿《うちゃやうどぅん》へ出かけることもありました。

【夕方】

夕方にはお風呂に入ります。御側仕《おそばづかえ》の者が浴衣に着替えさせて、国王は着衣のまま浴槽に入り、御側仕の者が体を洗ってあげたと言います。その後、室内着に着替えて夕食をとりました。夕食は日没時の鐘が鳴る頃にとっていましたが、首里の人たちもその鐘に合わせ夕食をとったと言われています。

【夜】

国王の寝室は黄金御殿《くがにうどぅん》にありました。国王と王妃は添い寝して……と思いきや、国王と王妃の寝室は戸で区切られ、別々の蚊帳《かや》が張られていたそうです。

また、時には国王が二階御殿で寝ることもあったそうです。その時には側室の王夫人が呼び出され一夜を共にします。しかし、それには正室である王妃の許可が必要だったそうで、おそらく王妃には拒否権もあっただろうと考えられます。

国王の豪華なメニュー

尚泰王が日常的に食べていた朝・昼・晩の献立が今でも残されています。この献立は一八七二年（明治五）に書かれたもので、首里城で庖丁人を務めた人の家に伝わった献立を筆写したもののようです。一例として、ある日の夕食を紹介しましょう。

◎貝柱、おろし合わせ、す海苔（水辺の海苔）
◎むか子（山芋の芽）、花ぶし（カラスザンショウ?）の汁
◎香の物（守口大根、かくあい）
◎引き味噌、鰆《さわら》、甘露シイタケ、てがら蓮（Y字形のレンコン?）
◎鯒《こち》、ちくわ昆布
◎五目凍《し》み豆腐
◎焼き物（生鮭の塩蒸し）
◎あわびの塩蒸し、タマゴ焼き、蒲焼き
◎茶碗蒸し
◎ご飯

さすが国王だけあって品数も多く、非常に豪華な夕食です。意外なことに、現在知られている沖縄料理はこのメニューには見られません。実はこの時代、和食が頻繁に食べられていて、料理人は薩摩（鹿児島県）へ料理修業に行ったりしています。このように王族や士族階級は、沖縄料理のような濃い味の料理ではなく、あっさり・薄味のものを食べていたのです。

またこのメニューで注目されるのは、沖縄産ではない食材（生鮭など）がみられることです。献立も沖縄にある食材を考慮したものではなく、実際に出されたメニューなのかはっきりわかりません。一種のマニュアルのようなものであったとされています。

ただこの食材は完全に架空のものではなく、国王が本当に食べた可能性もあります。実は幕末に開国し

た日本では、蒸気船によってアメリカ・ボストンの天然氷が日本へと運ばれ、食品冷蔵などに利用されていました。さらに一八七一年（明治四）には函館《はこだて》の氷が商品化され、広く流通しました。つまり、蒸気船によって本土から沖縄へ生鮮食料品を冷蔵輸送することは可能だったのです。

王様は、琉球で一番良いものを食べることができる人物。最高級の食材をわざわざ本土から輸入して食べることも不可能ではありません。もちろんこれを裏づけるにはさらに調査が必要ですが、もしこれが本当だったら、王様はとてもゼイタクな食事をしていたということになります。

このように意外にも和食を食べていた国王ですが、もちろんこれだけではなく、現在の沖縄料理につながるチャンプルー（豆腐を入れた炒めもの）やブタ肉料理なども食べていたようです。また冊封使が琉球にやってきた際には、フカヒレやアワビをはじめとした二〇碗もの中華料理でもてなしていたことが、尚泰王の冊封（一八六六年）の際の献立の記録からわかります。

オーディションで決まるお妃さま

ヨーロッパ諸国は外国の王室から結婚相手を迎えることが多いのですが、なんと琉球では国内のオーディションでお妃さまを選んでいたのです。とは言え、すべての民がオーディションに参加できるわけではなく、応募条件は厳しいものでした。まず、士族の中でもかなり身分の高い良家の子女でなければならず、庶民の家からシンデレラが誕生……などと簡単にはいかなかったようです。

年齢は一〇歳前後。いまどきの結婚事情から考えればまだまだ早い年齢です。でも、当時は一六、七歳には結婚するのが普通でした。そのため、その年齢に達する前にお妃さまを決めていたようです。もちろん、健康と才色兼備も大切な条件でした。

さて、オーディションをやることが決まると、王府によって告示がなされました。応募条件に当てはまる参加希望者は王府に申し出て、オーディション当日に首里城へ登城します。審査をするのは役人や女官ですが、王家の人々もすだれ越しにチェックしていたそうです。

具体的なテストの内容とチェック項目が次のものです。

「第一テスト」応募者同士、庭で遊ばせる→容姿・健康状態・性格・しつけ面をチェック
「第二テスト」廊下を歩かせる→歩き方(足音など)のしつけ面をチェック
「第三テスト」個人面接→家庭のことなどを質問して、言葉遣いや人柄、教養などをチェック
「第四テスト」食事をさせる→食事の作法や好き嫌いなどをチェック

これは大変厳しいチェック項目ですね! 当時の琉球でも、張り切った教育ママがたくさんいたのではないでしょうか。これらのチェック項目によって、候補者は二、三人にしぼられ、最終選考に進みます。

最後は運まかせ

いよいよ最終選考になると、これまでの現実的なテストからガラッと趣向が変わり、占いのような運まかせのテストがなされました。まず、最終選考まで残った候補者たちを別室に移し、その間に黄金のハサミ（クガニンパサン）を畳の下にひとつ隠し置きます。その後、黄金のハサミを隠した部屋に候補者たちを通して、自由に座らせます。お妃になるべき徳の高い女性は自ら黄金のハサミの上に座ると言われていました。

この最終選考を何回かおこない、未来のお妃さまが決定します。すだれ越しに将来の結婚相手が決まる瞬間を見ていた若い王子も、誰が座るのかドキドキだったことでしょう。また、お妃さまとなるべく厳しい教育を受けた女の子たちも、運まかせのテストで将来の人生が大きく左右されるわけですから、とても緊張した瞬間だったのではないでしょうか。こうやって琉球王国の華々しいお妃さまが選ばれていたのです。

尚泰王のお妃さま選びの時のエピソードに、こんなものがあります。最終選考で黄金のハサミの選考を二回やったところ、一回目は浦添家の娘が、二回目は佐久真《さくま》家の娘が黄金のハサミの上に座り、決着がつきませんでした。そこで、幼少の尚泰に意見を聞いたところ「あの子がかわいい」と浦添家の娘がタイプだったよう。

占いで決まらなかったので後日決めるということになり、浦添家と佐久真家の歴史を調べたところ、かつて佐久真家からお妃さまをもらった尚貞王は長生きをしているのに対し、浦添家からお妃さまをもらった尚温王は短命で、しかも三歳で国王に即位した長男の尚成王も在位一年で亡くなったという歴史が判明。結局、佐久真家の娘がお妃さまに選ばれたと言われています。若い尚泰は好みのタイプだった浦添家の娘をお妃にできなくて、さぞかしガッカリしたことでしょう。

日本の国宝になった王室御用品

王国滅亡後、尚家の人々は東京へ連行され、千代田区九段北（現在の千代田区立九段中等教育学校敷地）に邸宅をかまえ、華族（侯爵）として暮らしました。王国時代に王家が持っていた品々には、この時に沖縄から東京の尚家邸に移したものや、戦前に東京で活動していた歴史家・東恩納寛惇《ひがしおんなかんじゅん》が『尚泰侯実録《しょうたいこうじつろく》』という伝記を書くために沖縄へ資料請求し、東京へ移されたものなどがあります。沖縄の尚家邸にあった宝物は沖縄戦で戦災に遭い失われてしまいましたが、東京にあったものは難を逃れ、王家所蔵品として今にその姿を伝えることができました。

一九九五年から九六年にかけて、尚家の第二二代当主である故・尚裕《しょうひろし》氏より、尚家の文化遺産が那覇市に寄贈されました。その後、二〇〇六年に「琉球国王尚家関係資料」として国宝に指定され、現在は那覇市久茂地《くもじ》にある那覇市歴史博物館に所蔵されています。沖縄県では戦後初の、さらに県内唯一の国宝となっています（戦前指定の国宝は除く）。

国王の王冠や衣裳、尚家に伝わる宝刀、王家の人々が着た着物、琉球漆器《しっき》や壺屋焼《つぼややき》などの美術工芸品、そして古文書など、あわせて一二五一点あります。それらが一括して「琉球国王尚家関係資料」として国宝になっているのです。

王家の人々が着た紅型《びんがた》や絣の衣裳、きらびやかな螺鈿《らでん》や沈金《ちんきん》をほどこした琉球漆器など、すべてが第一級の美術工芸品です。王家の持ち物ということはつまり王室御用品。ヨーロッパだったら、これらの品々（特に王冠）の横に衛兵が立っていてもおかしくないレベルです。一方の古文書の多くは琉球王国の行政文書で、こちらも第一級の歴史資料です。中には戦争で焼けて現存しないと思われていたものもあるため、尚家の古文書によって歴史研究も今後さらに大きく進むことと思われます。

その中でも、やはり目玉と言えば王冠（玉御冠《たまんちゃーぶい》、皮弁冠《ひべんかん》）でしょう。王冠は、どの国王のものであるかはっきりしていませんが、年代を考えると、最後の国王・尚泰王がかぶっていたものかもしれません。王冠には黄金や水晶、サンゴ、いろいろな種類の貴金属・宝石が使われており、見た目はとても重くてかぶったら暑そうなのですが、実は内側がメッシュ構造になっていて意外に軽く（総重量六〇五グラム！）、見た目よりは涼しかったのでないかと思います。とは言っても、真実はかぶったことのある国王に聞いてみないとわかりませんね。

王冠　那覇市歴史博物館提供

また、着物の中には尚泰王お気に入りの着物と言われる三《み》つ巴《どもえ》文様をあしらった紅型衣裳（白地左三ツ巴紋散桜文様紅型衣裳）もあります。実際に王家の人々がこれを着て、暮らしていたんだなぁと想像すると、感慨深いものがあります。

世代交代でランクが下がる？ 士族のシビアな生活

日本史の教科書を見ると、江戸時代の日本の身分制度として「士農工商」という言葉が出てきます。これは武士と農民・職人・商人に分かれているという意味です。当時は日本だけでなく、多くの国で身分制度が存在していました。琉球王国でも同様に身分制度があり、皆、それに縛られて生きていたのです。

琉球王国に住む人々の身分は、大きく分けて「士族」と「百姓」の二つに分かれていました。士族とは琉球語で「サムレー」や「ユカッチュ」と言い、百姓の上に立つ、いわゆる支配階級の人で、租税を納める義務はありませんでした。サムレーの語源は「侍」だと考えられますが、日本の侍（武士）とは違い、琉球のサムレーは武芸を身に付けているわけではありませんでした。むしろ、士族のたしなみとして書道や茶道など文化的な教養を身に付けることが勧められていました。いわば中国の「士大夫《したいふ》」としての「士」族です。

ところで、一口に士族と言っても行政の最高責任者である三司官《さんしかん》を輩出するような一族から、王府の中間管理職のような職を務める一族、職に就けず生活に苦しむ一族まで、いろいろな士族がいました。

これら幅広い層の士族がいるのは、士族の一族に、それぞれ家のランク（家格）が定められていたためです。このランクが高いと、無試験で王府の職に就くことができたり、将来的にキャリア官僚に進めたりできました。一方、ランクが低いと、科試《こうし》と呼ばれる試験を受けないと職に就けないことが多く、就くことができる職も限定されていました。

しかし、ランクが高い家に生まれたからと言っても安心はできません。琉球の士族は世代交代するごとに、徐々にランクが下がっていくのです！　ランクを維持、もしくは上昇させるには仕事で功績をあげないといけませんでした。仕事のできない人が何代も続くと、どんどんランクが下がり、最後にはヒラ士族になってしまうのです。親のスネばかりをかじっていると、あっというまに没落してしまいます。没落しても士族であればまだ良いのですが、最悪の場合、百姓に落とされることもありました。いつの時代も努力して真面目に生きることが大切なのかもしれません。

お金で士族身分を買う⁉

一方、百姓身分は士族と違い租税を納める義務がありました。そのため、多くの百姓は農業に従事していましたが、琉球で「百姓」とは、農民だけを指す言葉ではありませんでした。各地方で働く役人も百姓身分ですし、商業や工業の分野の仕事に従事する百姓や那覇港で港湾労働者として働く百姓、そして、なんと首里城で働く百姓もいました。琉球で「百姓」とは、士族身分以外の身分を表す固有名詞なのです。

江戸時代の日本で「士」身分より下の商人で裕福な者もいたように、琉球でも「士族＝裕福」で「百姓＝貧乏」という構図は当てはまりません。むしろ、いつまでも職に就けない士族がいる一方で、商売をしてお金持ちになった百姓もいました。しかも、その商売で貯めたお金を王府へ献金することで士族へと華麗なる転身をした人もいます。また、音楽・絵画・料理などの分野で功績をあげたことで、王府から表彰された、「百姓」から士族になる者もいました。

とは言え、そう簡単に士族になれるものではありません。献金額は現在のお金に換算すれば一～二億円が相場ですし、いろいろな分野で活躍するというのも今で言うオリンピックで金メダルを取ること並みに難しいかもしれません。しかし、それでも当時の人々は、献金や功績をあげることで士族になることを目指していたのです。それほどまでに士族であるということは大変な名誉でした。もしかすると、当時の人にすれば「士族になれるなら数億円なんて安いもの」だったのかもしれません。

琉球特有の「名前」

当時の琉球士族は、なんと三つの名前を持っていました。現代の私たちからすれば、名前が三つもあるなんて、あまり想像できません。

まず一つ目が「童名」。「ワラビナー」や「ドウナー」と読みます。童名という文字を見ると幼い頃の名前と連想しそうですが、少々違います。幼い頃のみならず、成人してから亡くなるまで一生を通して使われるのです。童名は国王や士族だけでなく、百姓も含めて老若男女問わずすべての人が持っている名前でした。家族や親戚、友人・知人など親しい関係では、この童名で呼び合っていたようです。

具体的に童名の例をあげてみましょう。たとえば男性であれば樽《たるー》、次良《じるー》、女性であれば鍋《なびー》、鶴《ちるー》など。これらはごく一般的な童名で、珍しいものを含めても数十種類しかありませんでした。

童名は身分が高くなれば真、思という接頭美称や、金、樽という接尾美称が身分に応じて追加されます。鶴を例に取ると、鶴《ちるー》→真鶴《まぢるー》→真《ま》鶴金《ぢるがに》と変化します。最も身分の高い国王の童名を見ると、たとえば尚泰王は思次《うみじ》良《る》金《がに》というものでした。「思」や「金」といった美称は家族間など近い間柄では省いて呼んでいたようです。きっと尚泰王は父である尚育王からは「次良《じらー》」と呼ばれていたことでしょう。逆に、相手が目上の人や年上であった場合はちゃんと美称を付けて呼ぶのが礼儀だったと言われています。

童名は国王から百姓まで、すべての身分の人が持つ琉球的な名前ですが、士族の男性はさらにあと二つ、名を持っていました。それが「和名」と「唐名」です。わかりやすく言えば、和名が日本風の名前で、唐名が中国風の名です。ここからは、実在の人物の名前を通して見てみましょう。

二〇一〇年にユネスコの無形文化遺産に登録された「組踊《くみおどり》」という舞台芸能がありますが、この組踊を創作した人物の和名と唐名は次のようになっています。

和名《わめい》…玉城《たまぐすく》　親方《うぇーかた》　朝薫《ちょうくん》
唐名《からなー》…向《しょう》　受祐《じゅゆう》
童名《どうなー》…思五《うみぐ》郎《るー》

彼の和名は「玉城親方朝薫」と言います。和名は三つのパーツに分解することができます。玉城親方の場合ですと「玉城」「親方」「朝薫」の三つになるわけです。まず「玉城」、これは「家名」と言います。現代の名字に似ていますが、決定的な違いがあります。それは流動的に変化する可能性があるということ。「玉城」の場合は「玉城間切」（現・南城市）を領地としてたまわっているということになります。ところが、その後に領地が変わると、家名も新しい領地の地名に変わるのです。とはいえ、当時は領地をもらえない士族がほとんど。その場合は父の家名をそのまま受け継ぎます。家名は琉球処分後に固定化され、沖縄の人たちの現代の名字へと姿を変え、生き続けています。

さて、家名の後には「親方」という語がきています。これは「位階の称号」といって、その人の階級を表していました。つまり、玉城さんは〝親方〟という階級ですよ、ということになります。以上のことをふまえると、たとえば喜舎場《きしゃば》親方は「中城間切喜舎場村（現・北中城村喜舎場）」を領地として与えられている〝親方〟という階級の人、ということになります。

次に「朝薫」を見てみましょう。これは「名乗」と言います。今で言う下の名前（ファーストネーム）にあたります。名乗の特徴のひとつに、一族が全て同じ文字を付ける「名乗頭《なのりがしら》」というのがあります。朝薫の場合は「朝」が名乗頭の文字となります。朝薫の一族である向姓の男性は全て「朝」の字が入っていました。それと同じように、毛姓だと「盛」、麻姓だと「真」、孫姓《そんせい》だと「嗣《し》」という具合にそれぞれの一族で文字が決まっていました。

家名が流動的に変化する一方、名乗頭の字は不変のもので、父から子へと先祖代々受け継がれてきました。また、華人の末裔である久米《くめ》士族は名乗頭を付けることはありませんでした。

三つ目の名前となるのが中国風な唐名です。唐名と書いて「トウナー」や「カラナー」と読みます。例にあげた玉城親方だと唐名は「向受祐」になります。「向」の部分を姓《せい》、「受祐」の部分を諱《いみな》と言います。

姓は家名と違い、変わることはありませんでした。名乗頭の文字と同様に父から子へと先祖代々受け継がれていきました。家名は違っても、姓と名乗頭が同じだと、先祖を同じくする一族であると認識することができたのです。

「親雲上」とは

琉球史に触れたことがある方なら、きっと一度は疑問に思われただろう、というものが「親雲上」です。読みも独特で、ペーチン（あるいはペークミー）と読みます。本書はもちろん、琉球史の本を見ると、「○○親雲上」という語が必ず出てくると言っていいほど、琉球史の世界ではメジャーな親雲上。「名前ではないようだけど……」と何となく理解されている方が多いようです。この「親雲上」って一体、何なのでしょうか。

語源は古琉球の時代の「大屋子《おおやこ》もい」という位階です。「おおやく（こ）もい」が「親雲上」の漢字を当てられ、やがて「ペーチン」と呼ばれるようになります。「ペーチン」の由来はよくわかっていませんが、琉球のことを紹介した江戸時代の日本の書物には「親雲上」を「ばいきん」と記しているので、当時の日本人には「ばいきん」と聞こえたようです。

さて、その「親雲上」ですが、「位階の称号」と呼ばれるもので、その人の現在の階級を表しています。士族はもちろん役人として働いている百姓もこの位階の称号を持っていました。称号には親雲上の他にもたくさんありました。一定の年齢に達したり、功績をあげたりすることで昇進するのですが、その昇進スピードや昇進の到達点は家格（家のランク）によって差がありました。

「親雲上」には二つの系統がありました。「里之子《さとぬし》筋目《すじめ》」と「筑登之《ちくどうん》筋目《すじめ》」という二つの系統です。琉球の士族は一族によって里之子筋目なのか筑登之筋目なのか定められており、この違いによって、称する位階の称号も違ってきました。

親雲上から、さらに功績をあげると「親方」を称することができました。しかし、親方までのぼることができたのは、限られた人のみでした。

また、親雲上や親方は、間切や村を領地として持つ「地頭職《じとうしょく》」を務めていました。前章で述べたように、王府から領地を与えられると原則として家名が領地名になります。領地があれば、そこからの収入が定期的に入ってきました。ただし、地頭職には数に限りがあったので、親雲上や親方には定員がありました。

さらに、親方の上に「王子《おうじ》」「按司《あじ》」という称号がありますが、これを称することができるのは、王族などごくわずかの人たちでした。

この称号によってハチマチ（冠）の色や種類が決められていたため、ハチマチを見れば相手のランクがわかりました。

「親雲上」や「筑登之」は、よく役職名と勘違いされることもありますが、役職とは異なります。位階制度についてなかなかイメージできない方は、警察官の階級制度を例にするとわかりやすいのではないでしょうか。巡査や警部、警視という言葉は、その人の階級を表します。そして、どんどん昇級していきます。しかし、これは警察署内での役職とは異なります。たとえば、「喜舎場警部が署内の捜査課長を務めている」というふうに。

また、キャリア組（国家試験に合格し警察庁に採用された者）とノンキャリア組で昇進のスピードが違うように、琉球の士族も家格によって昇進のスピードが違いました。さらに、最高位である警視総監がごく

琉球の位階（ランク）

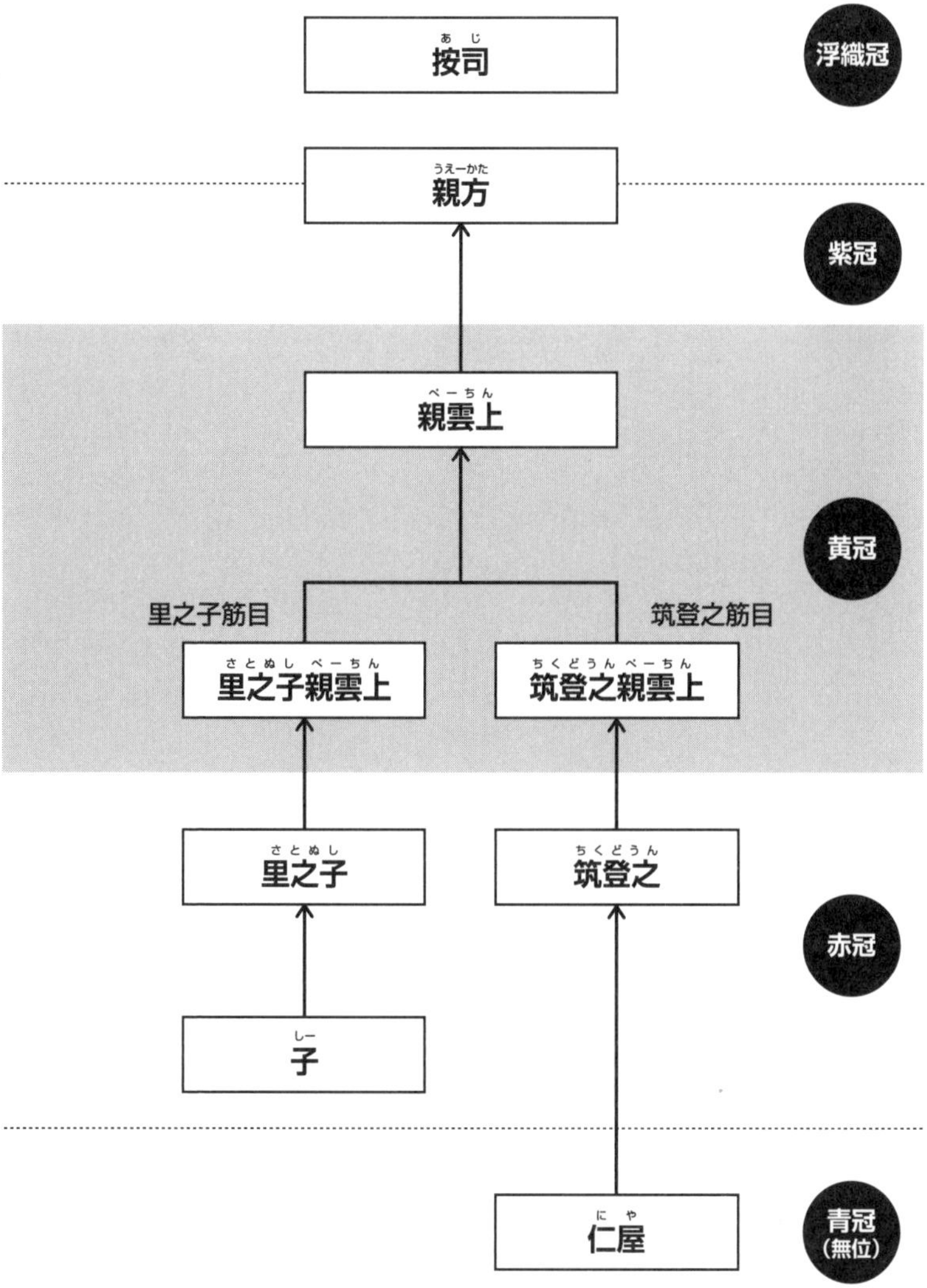
按司《あじ》
浮織冠
親方《うえーかた》
紫冠
親雲上《ぺーちん》
黄冠
里之子筋目
筑登之筋目
里之子親雲上《さとぬし ぺーちん》
筑登之親雲上《ちくどぅん ぺーちん》
里之子《さとぬし》
筑登之《ちくどぅん》
赤冠
子《しー》
仁屋《にや》
青冠
（無位）

限られた人しかなれないよう、「按司」「王子」というのもごく限られた王族のみに許された称号だったのです。

地域で異なった士族の職業

琉球王国時代、町方《まちかた》（都市部）と呼ばれる地域には、首里・那覇・泊村・久米村《くめむら》の四地域がありました。泊村・久米村は那覇に隣接しています。士族はその地域に籍を置き、居住することが原則とされていました。ですから基本的には、士族は町方以外には居住しなかったのです。

籍を置いている地域によって、それぞれ首里士族・那覇士族・泊士族・久米士族と区分されていたのですが、単に住んでいる地域が違うというだけではありませんでした。籍を置く地域によって、就ける職業に制約があったのです。それぞれの士族の特徴をあげると、次のようになります。

首里士族…国政に関わる仕事全般に就く。士族の中で最も人口が多い。
那覇士族…薩摩との調整や那覇の行政に関する仕事に就く。
泊士族……国政に関わる仕事全般に就く。医者などの技術職も担う。
久米士族…対中国の行政文書や通訳などを担う。

これらの四つの区分ですが、引っ越しをすれば籍が移るというわけではなく、何か正当な理由があり、よほどのことでないと、籍を移すことはできませんでした。

700以上もあった姓

先述したように、琉球士族は中国風の「唐名」を持っており、その姓の種類は実に七〇〇以上ありました。日本や中国と比較すると、とても小さい島の琉球ですが、その小さな島の中にたくさんの一族がひしめいていたのです。

士族の代表格といえるのが首里士族の「向姓」です。「向」と書いて「しょう」と読みますが、なぜでしょうか？　ここで国王の姓を思い出してみてください。そう、国王は「尚」姓を称していました。国王の息子、つまり王子も尚姓を称します。ところが、その息子、つまり国王の孫からは「尚」の字から二画抜いた漢字が用いられました。それが「向」だったのです。そのため、「向」と書いて「しょう」と読むのです。

一方、向姓の名乗頭は「朝」の字を用いていました。数ある士族の中で「朝」の字を名乗頭にしているのは向姓だけなので、名乗が「朝〇」であった場合は、すぐに向姓とわかりました。

向姓を名乗る者の先祖をたどると必ずいずれかの国王にたどりつきます。それぞれの国王にはたくさんの子ども（王子）がいますし、さらに向姓の分家も向姓を称するので、向姓は雪だるま式に増えていきました。明治初期、約三〇〇〇冊あった「家譜」（家系図と履歴書）のうち、約三〇〇冊が向姓のものでした。単純計算で士族の約一割が向姓ということになります。それほどまでに、向姓は繁栄したのです。

首里士族の中で、一族から三司官を輩出するような名門だったのは、向姓と、毛姓、馬姓、翁姓《おうせい》、東姓《とうせい》などでした。さらには、第一尚氏王統とのつながりをもつ孫姓（名乗頭は「嗣《し》」）や、南山にゆかりのある阿姓《あせい》や麻姓《ませい》など、様々な顔触れの首里士族がいたのです。

一方、那覇士族で代表的な一族には呉姓《ごせい》や貝姓《ばいせい》などがいます。当時、那覇士族が就ける最高職である「御物城《おものぐすく》」というポストがありましたが、呉姓や貝姓はこの御物城職を輩出した一族でした。

王国末期に系図座《けいずざ》が作成した『氏集《うじしゅう》』という資料があります。これは当時、系図座で所蔵していた家譜のリストです。これを眺めていると、いろいろな姓を発見することができます。

たとえば、劉姓《りゅうせい》・関姓《かんせい》・張姓《ちょうせい》・趙姓《ちょうせい》・曹姓《そうせい》など、まるで三国志に登場しそうな姓を持つ一門がいます。もちろん実際の三国志の人物とのつながりはありませんが、琉球でも三国志のストーリーは親しまれていたので、何かしら意識はしていたのかもしれません。

あるいは沖縄出身の芸能人の一族と思われるものも見つけることができます。川姓《せんせい》（山田家《やまだけ》）は「親」が名乗頭だったり、允姓《いんせい》（具志堅家《ぐしけんけ》）は「用《よう》」が名乗頭だったりという具合です。山田親太朗や具志堅用高は、琉球士族の末裔だったようです。

また、中にはユニークな姓を持つ士族もいました。たとえば、歌姓知念家という一族がいます。一族の元祖となった知念筑登之親雲上積高《ちねんちくどうんぺーちんせきこう》（歌啓業《かけいぎょう》）は三線を学び、冊封使向けの組踊で三線を演奏した功績で、士族身分を獲得しました。歌で士族身分を獲得したので「歌姓《かせい》」という姓になったのです。あるいは、料理人として功績をあげて士族になった知念筑登之親雲上旨幸《ちねんちくどうんぺーちんしこう》（庖初滋《ほうしょじ》）という人がいます。当時、料理人のことを「庖丁人《ほーちゅーにん》」と呼んでいました。庖丁人として士族になったので「庖姓《ほうせい》」なのです。名乗頭は「旨《し》」

ですが、旨い料理を作るから名乗が「旨」になった……のかどうかはわかりませんが、きっと士族身分を獲得するくらいなので、おいしい料理を作ったことでしょう。

彼らの事例は、王府からその姓を与えられたのか、あるいは自分でその姓を決めたのか、現状ではよくわかっていません。しかし、「歌」や「庖」という自らの職業に関する一字が姓となったことで、よりその身分や職業に誇りを持てたのではないでしょうか。

龍が宿る町・久米村

琉球には龍が住む町がありました。それは那覇に隣接していた久米村（現・那覇市久米）という都市です。この村の中央にあるメインストリート（現・久米大通り）を、人々は龍の胴体にたとえていました。さらにメインストリートの東端、久米村への入り口である久米《くめ》大門《うふじょー》がある広場を龍の頭に、その広場にあった二本の大きな樹を龍の角に、反対側にあった西武門《にしんじょー》を龍の尻尾にたとえていました。一匹の龍が久米村を貫いていたのです。

一四世紀中頃以降、小さな漁村にすぎなかった那覇に多くの外来者が訪れるようになり、港町が形成されました。さらに一三七二年、中国明朝との関係成立にともない、様々な専門技術を持つ華人たちが琉球へ派遣されました。たとえば、航海技術や外交文書の作成、あるいは通訳などの専門技術を持つ者です。琉球にとっては当時の最先端の技術を目の当たりにでき、あわよくばその技術を自分たちのものにもできる良い機会で、大変ありがたい話でした。

彼らの居住エリアが久米村でした。この頃の久米村は、中国語が飛び交うチャイナタウンのような雰囲気だったのでしょう。彼ら華人の存在なくして、琉球の朝貢や対外貿易の活動は成り立ちませんでした。派遣されてきた華人の中には早々と帰ってしまう者もいましたが、そのまま琉球に残る者もいて、彼らが後の「久米士族」となりました。

ところが、こうして栄えた久米村にも陰りが見え始めます。一六世紀に入ると貿易が衰退しはじめたため久米村の人々も土着化が進み、中国語を話せなくなったり、航海技術を持つ人間が少なくなったりしていきました。貿易の利益の見込みがなくなると、新たに入村する者もいなくなり、人口もどんどん減っていったのです。さらに追い打ちをかけるように一六〇九年には島津侵攻があり、久米村は過疎化していったのでした。

その過疎化はとても深刻なものでした。記録によると一六四〇年代の人口はなんと三〇人ほど。以前の久米村からは想像できない閑散とした様子だったことでしょう。首里王府としても、彼らがいなくては困ってしまいます。

そこで王府は久米村復興計画に乗り出しました。まず、首里や那覇の中から、中国語が堪能な人など有能な人材を久米村に移住させ、久米士族に転籍させたのです。あるいは跡継ぎがいない久米士族の一族には、他のところから養子を入れて存続させるようにしました。

こうした努力の甲斐もあって、人口が激減した久米村は復興をとげることができました。一六九九年には、首里城において復興の祝宴が開かれ、久米村一同が国王から招かれています。復興後の彼らの役割は外交文書の作成や通訳などで、琉球王国の対中国外交を担っていました。首里王府が復興計画に乗り出すほど、久米村の人々は王国の外交を支える大切な存在だったのです。

また彼らは一六五〇年に、これまでしていた中国本国の格好を、琉球の格好に改めました。彼らは華人を先祖に持ちながらも、意識は「琉球人」そのものだったと言えるでしょう。

久米村は多くの偉人を輩出しています。中でも最も有名なのが蔡温（具志頭親方文若）でしょう。彼は一八世紀に活躍した政治家であり、学者でもありました。歴史に名を残した彼ですが幼い頃から優秀だったわけではありません。むしろ、成績も悪く落ちこぼれで、同じ学校の仲間からはバカにされていました。しかし、彼はその悔しさをバネにして勉強に励んだのでした。そして、学問に目覚め中国への私費留学（勤学）も果たします。中国でさらに学問に磨きをかけ、帰国後は多方面で活躍しました。

その後は当時の国王・尚敬王の先生も務め、さらには三司官まで異例の出世を果たし、琉球のために尽くしました。さらに、彼は亡くなった後も琉球王国を見守り続けました。というのも、後世の三司官たちは難しい問題に直面した時「蔡温だったらどう対処しただろうか」と考えたと言います。後世の琉球人の心の中にはいつも蔡温がいたのです。

命よりも大切な家譜

琉球の士族たちには命よりも大切と言えるものがありました。それが「家譜《かふ》」と呼ばれるものです。家譜とは、先祖代々の家系図と履歴書がセットになったものです。

一六八九年、王府は士族たちに「家譜」の作成を命じます。そのため、士族たちは、昔の文書や伝承などをもとに自らの先祖について調べ、家譜を編集することになりました。王府が家譜の編集を命じた理由は、士族たちの家系や出自を把握することでした。ところが、士族に対する家譜作成を義務化した結果、家譜を「持つ者（＝士族）」と「持たざる者（＝百姓）」の構図ができあがってしまったのです。家譜の作成を命ずる前は士族と百姓のボーダーラインはあいまいでしたが、家譜作成が義務化されたことにより、士族か百姓か、明確な区別がつくようになったのです。そのため、琉球では百姓のことを家系記録が無い「無系《むけい》」と表現することもあります。一族の歴史を証明するとともに、士族の証明でもある家譜。命よりも大切という理由もよくわかります。

家譜の中には具体的に何が書かれているのでしょうか。少し中身を見てみましょう。

表紙を開くと序文があり、その次に家系図（世系図）が書かれています。先頭に一世（元祖）がきて二世・三世・四世と子孫たちが記されています。分家の家譜だと、分家した人から始まっています。家系図のあとは履歴書（紀録）の部分になっています。こちらは家系図に記された男性ひとりひとりの個人情報です。名前・生年月日はもちろん、家族構成や何年にどういった仕事を務めた、何年にどういった功績をあげた、何年に位階があがったなどとても詳細に記されています。家譜から数百年におよぶ一家の歴史がわかるわけです。

当時の士族たちは家譜から、自分の先祖が何歳でどういう仕事をしていたのか、あるいは何歳で位階がどこまであがっていたのか、くわしく知ることができました。現代では自分の数代前の先祖がどのような経歴をたどってきたのか、知る機会は少なくなってきました。でも、当時の士族は家譜を見たらそれがすぐにわかったのです。先祖に優秀な人がいれば、自分の現況と照らし合わせて、やきもきしていたかもしれません。また、逆に「じっちゃん（先祖）の名にかけて」と、出世するべく努力する原動力になっていたのかもしれません。

家譜を管理する系図座

琉球の家譜は、私文書として編集された日本や中国の家系図とは異なり、公文書であるということが特徴のひとつとしてあげられます。つまり、個人が自由に作成するわけではなく、ちゃんと行政である王府がチェックをしていました。勝手に家譜を作成して「自分は高貴な士族の出だ！」と主張してもダメなのです。家譜はきちんと王府が管理をしていて、その担当部署を「系図座」と言います。系図座は首里城の下之御庭《しちゃぬうなー》にある建物にありました。

家譜は公文書なので、良いことばかり書いたりウソを書いたりすることはできません。たとえば「流刑になりました」など、本人にとって不名誉な情報もきちんと記されるのです。また家譜は自宅保管用と王府保管用の二部が作成されていました。これも家譜を偽造させないための防止策でした。たとえ自宅保管用の家譜へ自分に有利な情報を書き加えて偽造したとしても、系図座で保管している家譜と照合すれば、すぐに書き加えた個所がわかりました。

さらに家譜の各文末には系図座の印鑑が押されており、たとえ系図座の許可なく勝手に追記しようとも、すぐにわかるようになっていました。このように、家譜は二重三重の偽造防止策がとられており、とても厳密に管理されていたのです。

また系図座にはもうひとつの重要な仕事がありました。それは歴史書の編集です。当時、良い事件や悪い事件、珍しい事件が起きたら大与座《おおくみざ》へ報告するように義務付けられていました。大与座で集積された情報が系図座へまわされ、歴史書として編集されていたのです。

系図座で編集された歴史書に『球陽《きゅうよう》』があります。球陽にはじつに多様な記事が載っています。国の歴史はもちろんですが、たとえば、一〇〇歳になった村人を王府が表彰したという話、台風や落雷など自然災害の話、彗星などの天体観測の話などが載っています。ちょうど今の新聞記事のように多彩な分野の情報が記載されていました。

出生届けの受理から宗教の調査まで……大忙しの大与座！

現在、子どもが生まれたら「出生届」を役所へ提出しますが、これと同じシステムが琉球王国にもありました。当時は出生届のことを「生子証文《しょうししょうもん》」と呼んでいました。当時の士族は、子どもが生まれたらこの生子証文を首里王府に提出する義務があったのです。そして、その提出先となったのが首里城の広福門《こうふくもん》に

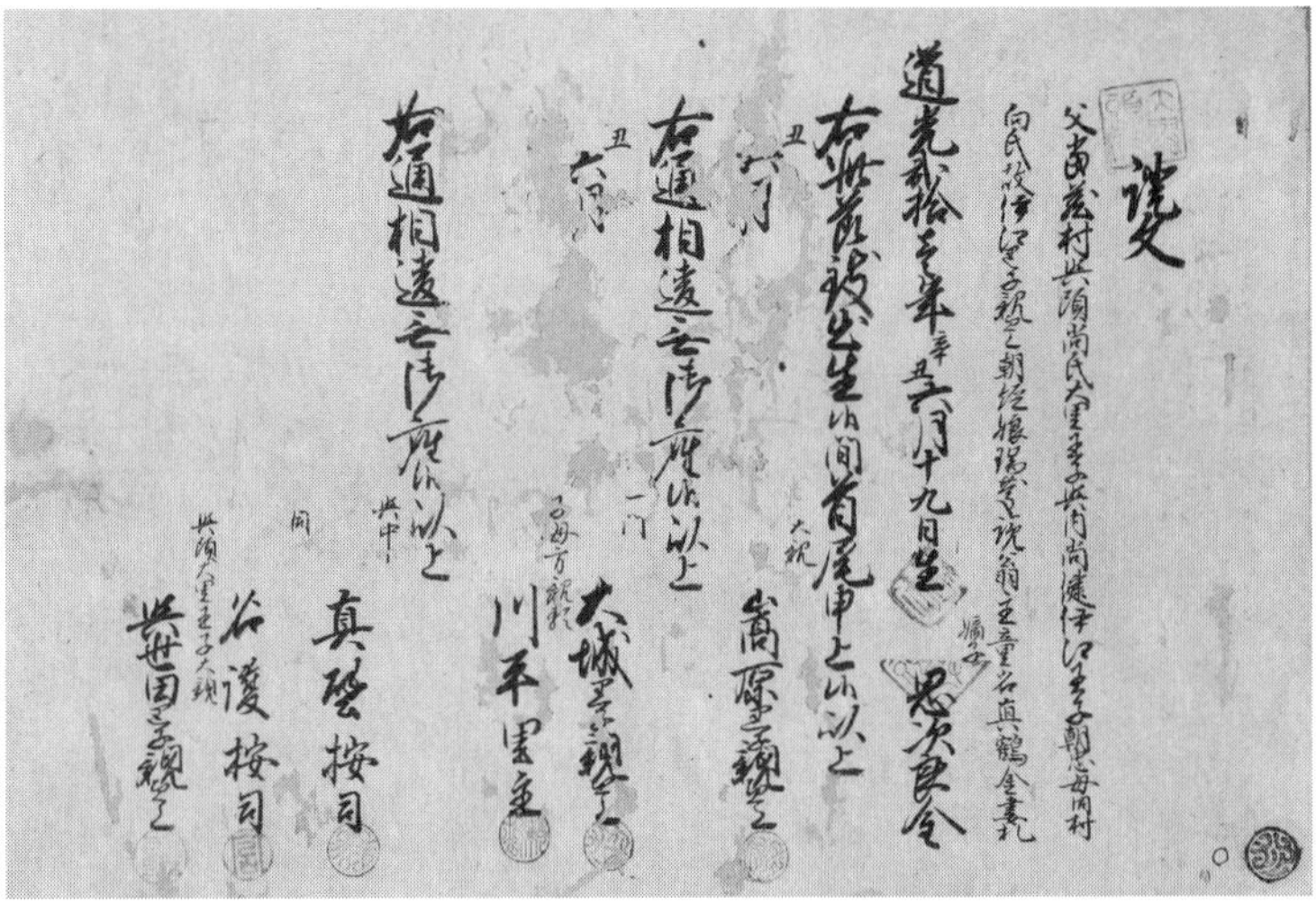

尚姓伊江家の生子証文　那覇市歴史博物館提供

あった「大与座」という部署になります。大与座は、出生届の受理のほかに、死亡届の受理や戸籍に関する業務、あるいは財産争いの解決などを担当していました。今風に言えば戸籍住民課といった感じでしょうか。ちなみに大与座のあった場所は現在、チケット売り場になっています。

　士族が提出する義務があった生子証文の中身を見てみましょう。生子証文には、現代の出生届と同じように、生まれた子どもの名前、両親の名前や生まれた年月日が記されているのですが、一点、今には見られない大きな特徴があります。それは「確かにこの子が生まれましたよ」と証明するためにいろいろな人が署名し押印していることです。

　どのような人が署名しているかというと、父親の親類代表・母親の親類代表、そして「与《くみ》」の代表者とメンバーなど合わせて六、七人。与とは近所に住む人たちでつくる組織で、ちょうど同じ時代の日本でおこなわれていた「五人組」のようなシステムです。このように多くの人が子どもの出生を証明していたのです。

また、生子証文の提出期限は現在の出生届より短く、生まれてから七日以内でした。出産はただでさえ大変なのに、七日以内に六〜七人の署名と印を集めて、大与座へ提出するなんて、とても大変ですね……。きっと親類やご近所などまわりのサポートがあっての出産だったことでしょう。

大与座には生子証文を受理する以外の仕事もありました。そのひとつが「宗門改《しゅうもんあらため》」と呼ばれる調査です。

当時の江戸幕府はキリスト教を禁止しており、人々の宗教が何であるかをひとりひとり調査していました。このことを宗門改といいます。その後、各藩でも宗門改がおこなわれるようになり、薩摩支配下の琉球でも薩摩藩の指示でキリシタンがいないか調査するために宗門改が実施されたのです。

宗門改では、各村単位で名前・年齢・家族構成・宗教などを記した台帳をつくり、大与座がこれをまとめていました。その調査対象となるのはなんと国王からホームレスまで。これだけの人をひとりひとり名前・年齢・宗教などを聞いてリストアップしていくのは、まるで現在の国勢調査のようですが、それもそのはず。キリシタンがいないか調査する目的ではじまった宗門改ですが、実は人口調査の役割も果たしていたのです。せっかくこれだけの規模で国中を調査するので、キリシタンがいないか調査するだけで終わらせるのはもったいないですよね。

今のようにパソコンも電卓もない時代ですから各村から提出された台帳を集計するのは大変な作業だったことでしょう。琉球王国は大与座で働くスタッフとそれを支えた各村の調査員の努力によって国勢を把握していたのでした。ちなみに琉球王国の総人口ですが、一六三二年で一〇万八九五八人、一八七九年には三一万五四五人となっています。

琉球の学校

琉球王国にはどのような学校があり、どのような教育がおこなわれていたのでしょうか。実は琉球王国で学校というスタイルの教育が始まったのはずいぶん遅いものでした。それ以前の教育は私的におこなわれるものでした。

琉球で初めて設立された学校は、久米村の「明倫堂《めいりんどう》」（一七一八）です。明倫堂は孔子廟（孔子を祀った施設）の中にありました。明倫堂の設立を提案したのは名護《なご》親方《うえーかた》寵文《ちょうぶん》（程順則《ていじゅんそく》）という人物。彼はたびたび中国を訪れて、そこで現地の社会や文化に触れていました。その中で「琉球にも公的な学校が必要だ！」と感じていたのでしょう。

明倫堂では、たとえば経書《けいしょ》（儒学の教えを記した書物）の読み方やその意味を教える講談師匠《こうだんししょう》（講解師《こうかいし》）、漢文の読み方を指導する読書師匠《どくしょししょう》（訓詁師《くんこし》）などがいて、久米士族の子どもたちに教えていました。なんだか今の学校の授業とだいぶ違います。

ちなみに、名護親方は中国で出会った『六諭衍義《りくゆえんぎ》』という本に感銘を受け、それを持ち帰って琉球で広く普及させます。「六諭」とは「父母に孝行し言うことをよく聞きなさい」「年上を尊敬しなさい」「郷土に親しみなさい」といった六つの教訓。その「六諭」をやさしく解説したのが『六諭衍義』という本です。

その後『六諭衍義』は薩摩藩、幕府を通じて日本全国に伝わり、寺子屋の教科書として使われました。

明倫堂が設立された後、琉球国内では続々と学校が設立されることになりました。まず、初等教育機関「村学校所《むらがっこうじょ》」。首里・那覇・泊の各村に計二一校ありました。村学校所へ入学するのは七、八歳くらいの子どもたち。那覇・泊の村学校所には教員がいて子どもたちを教えていたそうですが、なんと首里の村学校所には教員がおらず、上級生が下級生を教えていたそうです。

次に中等教育機関には「平等学校所《ひらがっこうじょ》」がありました。首里三平等に一校ずつあり、入学するのは一五、六歳くらい。さらに上の高等教育機関には首里城の北側に建っていた「国学《こくがく》」があります。今で言えば大学といったイメージでしょうか。入学年齢は一七、八歳で、平等学校所の課程を修了した者や国学奉行の推薦で入学ができました。

これらの学校には「講談師匠」のほか、行政文書の指導をおこなう「文筆師匠《ぶんぴつししょう》」などの教員がいて、儒教を中心とした教育がおこなわれていました。行政文書の指導があった点からは、現代のような学校教育ではなく、どちらかと言うと「公務員養成学校」という側面が見えてきます。

また、学校と言えばやはりテストがあります。琉球王国ではどのようなテストがおこなわれていたかと言うと、たとえば毎月一日と一五日には書道の試験、二〇日には読書の試験がおこなわれていました。その他にも官話《かんわ》（中国の標準語）の朗読試験や実践的な行政文書の作成、詩作の試験というのも。しかも、これらの試験結果は席次（順位）が出され、成績優秀者は表彰されました。これを見る限り現代の学校と同じような仕組みのテストがあったようです。学校のテストに追われるのは今も昔も変わりませんね。

ちなみに国学は琉球王国解体後、首里中学校となり沖縄県立第一中学校を経て、現在は沖縄県立首里高等学校になっています。なお国学には「海邦養秀《かいほうようしゅう》」という額が掛けられていました。「海の邦（琉球）の優秀な人材を養成する」という意味ですが、一八〇一年、龍潭のほとりに国学が設置された際、若き尚温王《しょうおんおう》が自ら筆をとり書いたものです。首里高校には、復元された額が校舎に掛けられています。

留学生に選ばれるのは奇跡⁉

琉球には「官生《かんしょう》」と呼ばれる留学制度がありました。留学先となるのは北京にある中国最高学府「国子監《こくしかん》」です。その歴史は古く、一三九二年に派遣したのが最初とされています。官生たちは国子監で、経書についての講義を受けたり、あるいは書道・詩作の練習などをおこなったりしました。約三年間国子監で学んだ後、琉球へ帰国します。帰国した彼らは、学校の師匠や国王の講師役などを務めました。

古くからある官生の制度ですが、実は官生に選ばれるには奇跡に近いものがありました。というのも、官生は一人の国王につき四人しか派遣することができません。つまり、国王が替わらないと次の四人を派遣することができないのです。しかも派遣時に三〇歳以下でないといけませんし、四人に選ばれる学力もキープしておかなければなりませんでした。そのため、官生に選ばれるのは奇跡に近かったのです。

そこで官生ではなく「勤学《きんがく》」と呼ばれる私費留学生が中国へ渡っていました。彼らは北京ではなく、福州の琉球館に滞在して儒学や外交文書の作成法、地理学や医学など様々な学問を学んでいました。そして、それを琉球へ持ち帰り多方面で活躍したのでした。本書にたびたび登場する蔡温もその一人です。

当時は飛行機で気軽に移動できる時代ではありません。それでも海を越えて留学し多くのことを学び、故郷のために尽力した人たちがいたのです。

最大倍率600倍！　超難関の公務員試験！

現在、国家公務員や地方公務員は公務員試験によって採用されます。実は琉球王国の公務員採用も受験によるものでした。その試験を「科試《こうし》」あるいは単に「科《こう》」と呼びます。中国でいう「科挙《かきょ》」に相当します。琉球の科試がどのようなものだったのか、見てみましょう。

代表的な科試に、評定所筆者《ひょうじょうしょひっしゃ》の試験である「文筆科《ぶんぴつこう》」があります。この試験の対象者は下級士族。ちなみに上級士族は科試を受けずとも中堅ポストに就くことができました。

文筆科を受けたのは、平等学校所の成績上位者（毎月おこなわれる模試で四〇位以内に入ったことのある者）や、浪人生など。あるいは別の職に就きながら評定所筆者を目指して受験する人もいました。

受験の年齢制限は三九歳まで。年齢制限が設けられていたということは、きっとそれ以上の年齢の受験者がいたのでしょう。現在、わかっている範囲で合格者の平均年齢を計算すると三〇代なかば。彼らも平等学校所の在学中から試験を受け続けていてやっとの合格だったようです。詳しくは後述しますが、それほどまでに難しい試験ということです。現在の新卒の公務員のように、二〇代で合格するなんて、まず無理だったというわけです。

三〇代になるまで試験を受け続けないとなかなか合格しない文筆科。どれくらい難関だったかと言うと、まず文筆科の受験者数は五〇〇人から六〇〇人。そのうち、合格者はなんと二、三人！　時には合格者一人という時もあったようなので、最大倍率は六〇〇倍です！　これは現在の難関・国家公務員一種よりははるかに高い倍率です。この試験に合格すれば国家の中枢である評定所の事務局に勤め、エリート役人として第一線の現場で働けました。

ただし、現在の国家公務員試験とは違い、科試に受かって評定所の筆者になったからといって三司官への出世が約束されたキャリア官僚（三司官候補生）になったというわけではありません。あくまで現場で働くエリート役人としての生きる道が保障されたというだけ。どんなに頑張っても三司官にはなれませんでした（例外はあります）。キャリアかどうかは家格によって決まりました。つまり、生まれた時点で決まっていたわけです。

このような厳しい受験戦争を生き抜く下級士族がいる中、キャリア組の上級士族たちは二三、四歳になると、科試を受けなくとも、推薦によって王府の中堅ポストに就くことができました。そして経験を積み、表十五人を経て三司官への階段をのぼっていったのです。

文筆科は一次と二次があり、一次を合格した者が数日後の二次に進めました。問題はそれぞれ一問のみ！　経書（儒学の教えを記した書物）に関する道徳問題と過去の具体的な事例をもとに解決策を述べる行政的な時事問題からランダムに出題されました。きっと問題のジャンルによっては得手不得手があったでしょうから、一次と二次で計二問しか出ないということは、運も左右したことでしょう。時事問題は多くの例題をこなさないといけないので、受験生たちは経書の勉強そっちのけでこればっかりをやっていたそう。

ちょっと彼らの解いた問題をのぞいてみましょう。まずは道徳的な問題から。

「親孝行で重要な項目は何かと聞かれたら何と答えますか」

「試験会場で思慮を尽くした成り行きを聞かれたら何と答えますか」

「人の欲は数多くあるが、飲酒のいましめは最も念を入れないといけないということを、飲酒の害をまじえ、三司官になったつもりで述べよ」

なんだか、現代の小論文の試験に似ていますね。では、続いて行政的な問題。

「（琉球にはない）ニンジンの苗を中国から琉球へ持ち帰りたいので、（中国当局へ）許可してもらうよう、在中国の役人になったつもりで許可願を作成せよ」

「○○間切は田畑が狭いので、山を切り開いて開墾したいという依頼が間切からきたが、山を切り開いたら（自然環境的に）支障が出るので許可できない、という旨の回答文を田地奉行の吟味役になったつもりで作成せよ」

「近年、医者の子どもが別の仕事に就いて医者を継がないので医者不足に陥っているが、ちゃんと医者を継ぐようにという旨の通達文を作成せよ」

というような感じです。開発の是非だったり医者不足だったり、なんだか現代にも通じるような実践的な問題です。

さて、科試（公務員試験）というとやはり行政職の試験をイメージしますが、実は様々な科がありました。たとえば、絵師科《えしこう》。これは国営漆器工房である貝摺奉行所《かいずりぶぎょうしょ》に勤務する絵師を採用する試験で、今風に言えば「国営漆器工房デザイン職採用試験」といった感じでしょう。専門技術が必要な職種には専門の科試があったわけです。

ただ残念なのが、彼らのような専門家（プロフェッショナル）の地位が低かったこと。現在では専門家というと、高い地位があります。ところが、当時は「専門家＝それしかできない」という考え方で一般行政職よりは下に見られていたようです。残念。

この「科」という言葉は試験から派生して、庶民の間でも使われていたようです。那覇のビッグイベントとして知られている那覇大綱挽《おおづなひき》。その会場に登場するのが華やかな飾りのついた旗（旗頭《はたがしら》）です。この旗持ちに屈強な男たちを選抜することを「科」と呼んでいたそうです。旗持ちの試験というわけです。

琉球士族の出勤はラクチンだった⁉

現代ではひとつの仕事をひとりの人が毎日働いてこなす、というのが一般的ですが、ひとつの仕事を数人で分け合い、一人当たりの勤務時間を短くすることで多くの人の顧用を確保するワークシェアリングという働き方もあります。ヨーロッパなどで導入されている働き方ですが、日本ではまだ馴染みがありません。ですが、実は首里王府でもこのワークシェアリングと似たような働き方があったのです。その代表的なものが三司官の働き方です。三司官の三人には、それぞれ当番の日が割り当てられており、当番の日にだけ出勤すればよかったのです。

三司官の出勤は、「子」の日から「亥」の日までの一二日間をひとつのサイクルとして、隔日出勤を繰り返すスタイルでした。役所の開庁は隔日なので、この一二日間のうち、六日間が休み、残りの六日を三交替で出勤するので、三司官一人あたりの出勤日はなんと二日間だけ！　出勤した翌日は閉庁日となり、翌々日は残りの三司官が出勤しました。

この勤務日以外にも毎月一日と一五日は必ず出勤だったようですが、それを足しても出勤するのは月六〜八日だけ。これを平均すると一週間の勤務は約二日になります。三司官など、いわゆるお偉いさんが週休五日もあったなんてとてもうらやましいですね。

一方で、ヒラの役人はどうだったのでしょうか。原則として役人も三組にわかれ、隔日出勤、三交替のサイクルで出勤しました。ただし、首里城内にあった役所のひとつ大与座の業務マニュアルによると、筆者以下のスタッフたちは「毎日」出勤と記されています。もちろん、休みが全くなかったわけではないと思いますが、お偉いさんに比べると、大変ですね。でも、上司がいないほうが意外とのんびりと仕事ができてラクチンだったのかもしれません。

当時の王府で働く人々は何時に出勤してどのくらいの勤務時間だったのでしょうか。まず、一般的な役人は、午前八時（五ツ時分）に出勤し、午後六時（六ツ時分）に帰宅していたそうです。今の社会人とそんなに変わりません。一方、先ほど週休五日のお偉いさんたちはというと、出勤時間こそ午前八時と変わらないですが、帰宅時間はなんと午後二時（八ツ時分）帰宅！　午後二時には帰れるなんてうらやましいですね。

役人は午前八時に出勤して午後まで働くので、途中にお昼時間がありました。彼らはお昼をどうしていたのでしょうか。首里城内にはキッチンはありますが、これは王家の食事や特別な時に使われたところで、働いている役人たちに食事を作ることはありませんでした。食べるものは城外から持ってこなければいけなかった……そう、彼らのお昼は弁当だったのです。

一般的な役人は自分で弁当を持参していました。ところがお偉いさんになると、お昼の時間に重箱に入った豪華な弁当が各家庭から届けられ、あるいはお使いの者が各家庭へ取りに行っていたと言われています。首里王府で働く役人がどこでどのように弁当を食べたのか、よくわかっていませんが、中には弁当の中身を自慢しあったり、愛妻弁当を自慢しあったり、というのもあったのかもしれません。

仕事がない……士族もつらいよ

琉球王国の士族は百姓よりは身分は高いのですが、だからといって安泰な暮らしができていたわけでもありませんでした。たとえ、王子を元祖に持つ上級士族の家であっても、何代も功績をあげることができなければ徐々に家格が下がっていきますし、最悪の場合、士族から百姓に落とされることもありました。士族であっても、やはり真面目に生きていかなければいけなかったのです。

当然のことですが、当時の首里王府に勤める役人には定員がありました。しかし、士族の人口が増える一方で定員は少なく、職にありつけない士族も大勢いたのです。失業者である彼らのために首里王府は、これまで百姓が担っていた職（たとえば絵師・料理人・船頭など）に士族が就くことを許可し、士族の雇用対策に乗り出しますが、それでも職にありつけない人もいました。まさに、就職浪人です。

こうした問題の要因は、近世琉球の社会システムにありました。一七世紀に琉球で「士族」「百姓」という身分制が確立されますが、ピラミッド状の階層の上に立つ士族の人口は百姓と比べて少ないのは当然です。一六九〇年に士族は総人口の約五パーセントでした。しかし、「士族の子はすべて士族」というルールを設定したため、一八七三年には士族はなんと総人口の約三七パーセントにも激増！　しかし王府の仕事は増えない。このため職にあぶれた士族が増えることになったのです。王府は職を新設したり、ワークシェアリングをしたりと何とか問題を解決しようとしますが、焼け石に水でした。琉球の役人の仕事はワークシェアリングで一見仕事がラクチンに見えますが、背景にはこんな問題があったわけです。

先に王府の採用試験「科試」を紹介しましたが、あの試験が激烈な競争率になったのは、職のない士族たちが出世を求めて殺到したことも原因でした。「科試」を何年も落ち続け、就職浪人をしている士族は、受験の間は妻や姉妹など家族の中でも女性が商売をして生計を立てていたようです。彼らにとって一家の大黒柱は女性だったのです。

ところが、それでも日々の生活が成り立たなくなる人もいました。そこで、首里・那覇など町方を離れ、間切へ行って農業を営む人も現れました。このことを「屋取《やーどぅい》」と言います。当時、士族は町方での居住が原則（つまり地方に士族が住むことはできない）とされていましたが、籍は首里・那覇など町方に残し一時的に各地間切に住んでいますよ、ということで王府も彼らを黙認していました。彼らはいつか首里城で再び働くことを夢見ながら、農作業に汗を流していたのかもしれません。

王府の仕事はポイント制

一部の家格の高い士族たちは領地の収入や王府から支給される知行からの収入がありましたが、大部分のヒラ士族（全士族のうち約八〇パーセント）はそうした収入がない、いわばサラリーによって生活している人たちでした。彼らが出世するためには、「科試」に合格して評定所筆者として就職するのが近道でしたが、この道は合格者が限られた狭き門です。大多数の士族たちは下っ端から地道に仕事をこなしていく道しかありませんでした。

しかし、この道もけっして楽ではありません。まず仕事に就けない。王府で働きたい者は、無給の見習いになってタダ働きをしながら、正規職員のポストが空くのを待ち続けます。ようやく順番がまわってきて、運良く正規職員になったとしても、下っ端の役人からスタートです。

彼らの功績は、「星《ほし》」というポイントで評価されました（星功《ほしこう》といいます）。たとえば一日普通に働くと、四〜八点になり、多くても一五点程度です。人気職だった役得の多い出納係の蔵役人《くらやくにん》（心付役《こころづけやく》）になるためには六万点必要だったので、いつも最低ポイント数しかもらえない人がこの職に就くには四〇年以上も毎日働かなくてはいけません。

ちなみに士族の収入ですが、三司官の年俸は、三二〇石（約八六四〇万円）。これ以外に三司官クラスの家には、その家に与えられている領地と王府から与えられる知行の所得があります。たとえば王国末期の宜野湾親方《ぎのわんうぇーかた》は、三司官の役職に対する給料三二〇石にくわえ、宜野湾間切からの領地収入が二八石（約七五六万円)、彼の家に与えられる知行収入が八〇石(約二一六〇万円)ありました。現代のお金で一億円以上に相当する年収があったのです。

一方、評定所筆者の年俸は、七石(約一八九万円)。泡盛を貯蔵する銭蔵の主任クラス、銭蔵大屋子《ぜにぐらおおやこ》の年俸は五石(約一三五万円)でした。領地のある士族とヒラ士族との間には圧倒的な収入格差があったことがわかります。なお人気職の諸座《しょざ》・諸蔵《しょくら》の蔵役人(心付役)の年俸はわずかでしたが、米や砂糖を納める時、心付つまりチップが収入となり、その額は多い役人で年収の数十倍にもなったと言います。たとえば薩摩へ年貢を送る部署(仕上世座《しのぼせざ》)の筆者は年俸が四石(約一〇八万円)でしたが、心付が四〇石以上(約一〇八〇万円以上)ありました。ヒラ役人がこの役職をめざすのもわかりますね。

一〇代で「科試」に一発合格し、いきなり評定所筆者の主取(チーフ)に抜擢《ばってき》され、あっというまに領地を持つ親方になって、国政で難問を次々と解決、などというパターンは不可能なことで(実際にそんな人はいません)、普通の士族にとっては「夢のまた夢」の話だったのです。

ところで、那覇に籍を置く士族を那覇士族と呼びましたが、その那覇士族が就ける最高の職に「御物《おもの》城《ぐすく》」があります。御物城職は収入も良く、那覇士族のあこがれでした。ところが、この御物城になるためには条件がありました。それは「大和横目《やまとよこめ》という役職を経験した者」というものです。この「大和横目」というのは在番奉行の対応をする琉球側の役人で、在番奉行所に勤めていました。「横目」とは監視すること、つまり大和横目は大和の人(薩摩役人)の監視役でした。とはいえ、監視より事務的な調整や接待などが主な業務だったようです。

さて、この大和横目には一つ問題がありました。なんとこの大和横目、給料がありません! それだけではありません。薩摩役人の接待費は王府から支給されず自費でおこなわないといけなかったのです。給料がないどころか自腹で仕事……。現在だったら誰もやらないでしょう。

ところが、当時の那覇士族にとって大和横目は最高職の御物城になるために必ず通らなければならないイバラの道だったのです。将来、御物城になるために破産覚悟でこの職に果敢にチャレンジしたものの、任期の三年の間に破産してしまった人も少なくないようです。大和横目になった人の散財っぷりに「大和横目の家には泥棒も入らない」と言われたほどでした。士族も楽じゃないですね。

役人以外の生きる道

王府の役人にはなれなくても、中には商売をして裕福に暮らしている士族もいました。たとえば、船のオーナーとなって海運業を営む人。当時、間切や村は「地船《じぶね》」と呼ばれる公用船を所有しており、地方から町方への租税や物資の輸送に使っていました。ところが、地船の運用には大きなコストがかかりました。そこで、間切や村は輸送を海運業者へ委託することがありました。運用やメンテナンスの費用がかかる公用船より、民間業者に業務委託したほうがお得だったわけです。民間で使われていた船は中国式ジャンク船の「馬艦船《まーらんせん》」と呼ばれる船でした。

海運業者は地方へ行って租税を受け取って那覇へ運びますが、わざわざ船を空《から》にして行く必要はありません。むしろ、何か積んでいたほうが、船のバランスがとれ安全に航海ができました。その空きスペースに様々な交易品を積んでから租税の受け取り先へ行き、その地方でその交易品を売って儲けることもできました。中には勝手に中国まで密航する業者もいて、いざ中国当局に摘発されると「風に流され漂着しました」と言いつつも、ちゃっかり中国で交易して帰るという密貿易もあり、問題となっていたようです。

このように、役人になれなくとも商魂たくましく生きた士族もいたのです。

基本は農業の庶民の暮らし

さて、士族以外の百姓の暮らしぶりはどうだったのでしょう。百姓の生活の基本は、やはり農業です。定められた量の米を租税として納めるために、農業をおこなっていました。税率は収穫高に応じたものではなく、各個人に一律に税を課す人頭税《にんとうぜい》方式でした。収穫量にかかわらず一定の税を納めなければならないため、とても厳しいものでしたが、すべての人に一律の税率だったわけではありません。性別や身体に障がいがあるかないかによって異なっていました。

また、すべての地域が米で納めるわけではなく、雑穀や海産物などを米に換算して納める場合や、あるいは労働で納める場合もありました。

琉球では江戸時代の日本のように大規模な農業が発達していたわけではありません。首里周辺の農村は琉球の中でも比較的生産性の高い地域でしたが、一八世紀の時点でも農具が十分に行き渡っていない村々が存在していました。農民たちは必ずしも農業に精を出していたわけではなく、農耕をさぼって海に魚介類を獲りに行ったりもしていたようです。また村々では一年の三分の一が「神遊び《かみあそ》」と言われる祭りの日で、農耕のさまたげにもなっていました。

こうした行為は沖縄の生活スタイルが海とともに生きていた古い時代の名残り、つまり現代にも続く「テ〜ゲ〜（適当、のんびり）」のルーツだったのですが、王府はこれらを規制、農業を強制しようとします。その政策は必ずしも成功せず、漁労採集の生活スタイルはずっと残ることになりました。

読み書きのできない庶民？

現代人の私たちにとって、文字を読んだり書いたりすることはむずかしいことではありませんが、かつては読み書きができない人も大勢いました。身分の高い人に比べ、身分の低い人に読み書きできない人が多くいたのですが、そのイメージがあるせいか、「琉球の百姓身分の人は読み書きができなかった」という話を耳にすることがあります。

では、実際のところ、琉球の百姓は読み書きができなかったのでしょうか。答えはNOです。琉球王国には読み書きのできる百姓も多くいました。各間切の役人は百姓で構成されていましたし、間切のトップである地頭代《じとうでー》も身分でいえば百姓にあたります。実は地方行政は百姓たちが担っていたのです。中央の首里王府とのやり取りは、もちろん文書によるものです。そのため、読み書きができないと業務ができません。

彼らは各間切に置かれた筆算稽古所《ひっさんけいこじょ》という百姓を対象にした公立学校で読み書きや算術を習ったり、あるいは出身地の地頭職を務める士族の邸宅へ奉公に出て、お手伝いをする代わりに勉学を教えてもらったりするなどして、行政マンを目指して努力していました。

ところで、百姓と言えば「外の世界を知らず生まれた村で一生を過ごす」というイメージを持っていないでしょうか。もちろん、そういった百姓も多かったことでしょう。しかし、必ずしも皆がそうではないのです。たとえば、操船技術に優れた百姓は、進貢船などの操船スタッフとして中国へ渡ることもありました。また、自らの船で貿易業をおこない、ひと儲けする百姓もいました。

あるいは、「百姓には名字がない」ということもよく言われます。しかし、古文書に現れる百姓の名前を見てみると、「たる宮城《みやぐすく》」や「かめ大城《うふぐすく》」のように記されており、「宮城」「大城」など、現在の名字に相当すると思われるものを見ることができます。欧米人のように最初に名前がきて、その後に名字相当のものがつく、というのも彼らの名前のおもしろい点です。

また、百姓であっても「筑登之」などの位階を称することができるので（位階は身分問わず琉球の全人民が対象）、その場合だと彼らは「宮城筑登之」「大城筑登之」と、士族と同じような称し方になるのです。「宮城」や「大城」が現代の名字と同一のものなのか、あるいは屋号のようなものなのかわかりませんが、少なくとも、彼らは「名前のみ」ではなかったのです。

第4章

琉球の神様と文化、風俗のふしぎ

琉球独自の信仰と神女の組織

琉球王国《りゅうきゅうおうこく》の政治の世界では、男性である国王を頂点とし、その下に三司官《さんしかん》などの役人がいて、評定所《ひょうじょうしょ》をはじめとした行政組織がありました。そして、それと同様に信仰の世界でも、女性の神官である「神女《しんじょ》」たちによって祭祀組織がつくられていました。

彼女たち神女によって王国各地の祭祀行事などがとりおこなわれており、各地にある聖地「御嶽《うたき》」において村々の豊作や航海安全、そして国家の安泰を祈願していました。意外なことに彼女たちは公務員でした。彼女たちは王府から発給された辞令書によって任命されていました。そして、もちろん王府から給与ももらっていました。

神女の頂点に立つのが「聞得大君《きこえおおぎみ》」と呼ばれる神女です。聞得大君は琉球語で「チフィジン」あるいは「チフィジンガナシ」と言いました。「ガナシ」とは「加那志」と書き、身分の高い人に付ける接尾美称です。聞得大君には、国王の娘や配偶者（お妃さま）、あるいは国王の母親など国王に近い女性が就任しました。

聞得大君の下には「首里大《おお》あむしられ」「真壁《まかべ》大あむしられ」「儀保《ぎぼ》大あむしられ」という三人の神女がいました。ちょうど、国王の下に三司官がいるように、聞得大君の下にも三人の大むしあられという高級神女がいたわけです。

彼女たち三人をまとめて「三平等《みひら》の大《おお》あむしられ」と呼びます。それぞれの大あむしられが首里の三つ

神女組織図

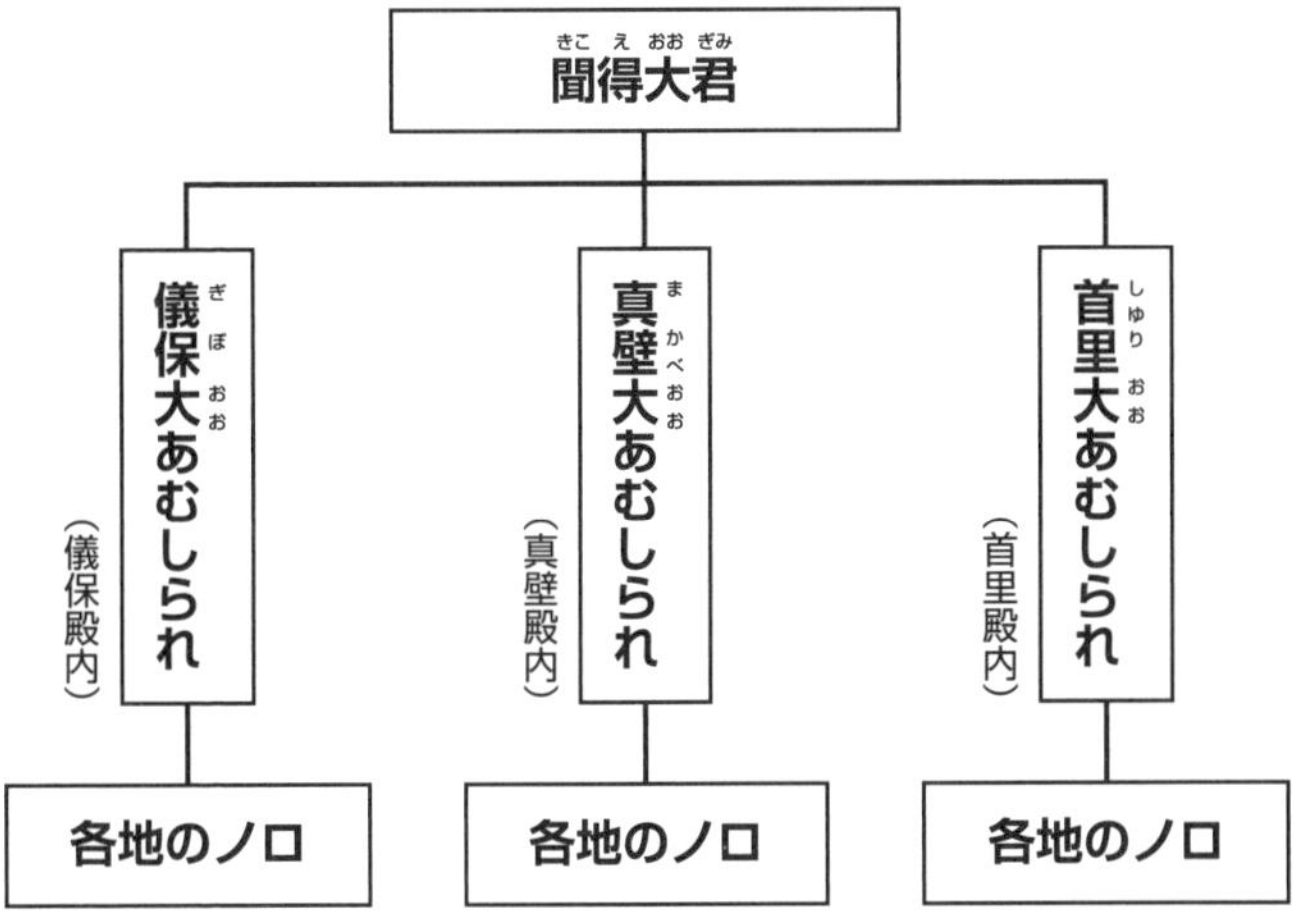

の行政区（三平等）と三つに分割された琉球国内の各地域を管轄していました。彼女たちには屋敷が与えられていて、それぞれ「首里殿内《すんどうんち》」「真壁殿内」「儀保殿内」と呼びました。三平等の大あむしられの下には大阿母《おおあも》、ノロと呼ばれる神女がいて、村々の祭祀行事をつかさどっていました。

沖縄には古くから「オナリ神信仰」という信仰がありました。オナリとは兄弟に対する姉妹を指し、男性を守護する神として信じられていました。そのため、男性が航海に出る際には姉妹が毛髪やティサージ（手ぬぐい）をお守りとして持たせていました。姉妹がいない場合には親族の女性や妻が代行しました。つまり、聞得大君は国王を守護するオナリ神として、国王の長寿・王家の繁栄や五穀豊穣・航海安全などを祈ったのです。

聞得大君にはこのような国王のオナリ神の要素も持ちつつ、公務員的な要素もありました。たとえば、聞得大君に就任すると知念間切《ちねんまぎり》の総地頭職に任ぜられたため、聞得大君のことを知念按司加那志《ちねんあじがなし》とも言い、給与もありました。

聞得大君は城外に屋敷も与えられていました。首里の汀志良次村《てしらじむら》にある聞得大君御殿です（聞得大君御殿は何度も移転を繰り返していますが、最終的に汀志良次村になりました）。現在は那覇市立首里中学校のグラウンドになっており、正門前に史跡標示板が設置されています。

聞得大君が祀っていた神様は女性の神「弁財天《べんざいてん》」です。七福神の一人として知られるキレイな女性の神様ですが、琉球の弁財天は違います。手が六本、顔が三つあって、悪い心を抱く者を罰する恐ろしい異形の神でした。これは中世日本の宇賀弁財天《うがべんざいてん》の系譜をひくもので、琉球の弁財天は特に両手に太陽と月を持っているのが特徴で、これは日本にもないそうです。

戦前まで聞得大君御殿の祭壇には弁財天の描かれた掛け軸が掛けられていて、その前には三つの石の香炉と火鉢が置かれていました。弁財天とともに太陽と月、白い鳳凰と馬が描かれていて、聞得大君はこの祭壇で祈りを捧げていました。

聞得大君御殿は明治時代に払い下げられ、祭神は中城御殿《なかぐすくうどぅん》（近代以降の沖縄の尚家《しょうけ》邸宅）に移されました。王国時代最後の聞得大君は尚育王《しょういくおう》の兄妹である真鶴金《まぢるがに》（一五代目）ですが、王国滅亡後も王族の間で聞得大君が継承され、沖縄戦が始まるまで中城御殿において祭祀をとりおこなっていました。聞得大君の就任儀礼に「御新下り《おあらおり》」があり、王国時代には沖縄島南部の聖地「斎場御嶽《せーふぁーうたき》」において大々的におこなわれていましたが、王国滅亡後は簡素化されていたそうです。

スピリチュアル・カウンセラー「トキ」と「ユタ」

かつて琉球にはスピリチュアルな力を使う「トキ」「ユタ」と呼ばれる人がいました。トキとは、日取りの吉凶を占う易者（占い師）で、主に男性が担っていました。彼らは書物を使って日の吉凶を占っていました。人々はスケジュールを決める時、トキに依頼して、これをおこなうにはどの日が良いのか占ってもらい、スケジュールを決めていたのです。それだけではありません。なんと、首里王府内にも「時之大屋子《ときのおおやこ》」という王府に任命された専属のトキが代々いて、彼によって王府の祭祀行事などの日を決められていました。

一方、ユタは女性の霊能力者です。ユタは依頼を受けて依頼者の憎い人を呪術を使って呪ったり、あるいはスピリチュアルなカウンセリングなどをおこなっていました。たとえば「家族に病気などの良くないことが起きるが、どうすれば良いか」といった相談に対し、ユタはスピリチュアルな力を用いて、その解決法を導くのでした。

当時、病気は霊や呪いによるものと信じられていました。そこで、病気になったらユタに頼んで診てもらっていたのです。さらには、当時の殺人事件の裁判記録を見ると、死因が「ユタの呪術による」というのもあります。つまりは民衆だけではなく、裁判をおこなった首里王府としてもユタの力を信じていたことがわかります。ちなみにユタは神女である「ノロ」と混同されることがありますが、まったく別です。ノロもユタも同じ女性ですし、祭祀行事や神事に関係するので、確かに似ていますが、ノロとユタはむしろ対極の存在です。ノロが王府主体の祭祀行事をつかさどる聖職者であるのに対し、ユタは生まれ持った霊感を使う霊能力者（シャーマン）となります。ノロは国王から任命され、代々その女系家族で世襲する「公務員」なのに対し、ユタは個人的な「能力」に目覚めた人で、基本的に自己申告制で任命も資格もありません。

王府から民衆まで大きな支持を受けていたトキとユタですが、一七二八年に王府から禁止令が発令されます。王府の役職だった時之大屋子もこの頃に廃止になったようです。なぜ、一転して禁止令が出されたのでしょうか。

トキが禁止された背景には占い的な暦から、天文観測によってつくられた科学的な暦へのシフトがありました。暦自体は少なくとも一四世紀頃には日本や中国から琉球へ入ってきていますが、民衆の支持を受けていたのはトキの占いによる暦でした。そこで、王府はトキを禁止することで、合理的な暦へ転換しようとしたのです。そして、占い的な要素が強い時之大屋子の代わりに、中国で天文学や科学的な暦学を学んできた人たちが日取りをつかさどるようになったのです。

一方、ユタの禁止理由には民衆のムダな出費を減らす目的がありました。当時、ユタに頼むことにハマってしまい、多額の出費（たとえばユタへの謝礼金や、ユタの言う通り祈願をおこなうために家畜をむやみにつぶしてしまうなど）をしてしまう人がいたのです。これではろくに仕事もできないですし、さらには税も納めてもらえないので王府としても困りものでした。

このような理由により王府は「迷信を広めて民衆を惑わす」ということでユタを禁止し、ユタに頼む者・ユタになる者には多額の罰金を科し厳しく取り締まっていました。そして、ユタの代わりとして王府が推奨したのが中国で医学を学んできた医者だったのです。

このように、王府はトキ・ユタを禁止することで、神がかったスピリチュアル的なものから合理的なものへとシフトすることを目指したのでした。とはいえ、いくら王府が禁止したとしてもユタになる者やユタに頼む者があとを絶ちませんでした。その証拠に、脈々と受け継がれてきたユタが現代にもいるわけです。

琉球で発展した仏教と寺院

戦前の円覚寺山門　那覇市歴史博物館提供

琉球の宗教と言えばノロ（神女）がつかさどる御嶽などの琉球に伝わる固有の信仰を思い浮かべる人が多いのではないでしょうか。もちろん、それも広く信仰されていましたが、実は外来宗教である仏教も信仰されていたのです。むしろ、琉球には数多くのお寺があり「琉球は仏教国だった」と言っても過言ではないのです。

琉球が仏教王国だったというと意外に思われるでしょうが、でも確かに多くの仏教のお寺があったのです。

たとえば首里にどれぐらいの寺院があったかというと、まず首里城近くの円覚寺《えんかくじ》、その隣、北側の敷地には興禅寺《こうぜんじ》、広徳寺《こうとくじ》、建善寺《けんぜんじ》があり、さらにその周りには蓮華院《れんげいん》、仙江院《せんこういん》、天王寺《てんのうじ》、僧侶の隠居寺《いんきょでら》である臥雲軒《がうんけん》、慈雲庵《じうんあん》、牟尼庵《むにあん》、松沙庵《しょうさあん》……と、とにかくたくさんのお寺があったことがわかります。首里・那覇だけでも三〇以上のお寺がひしめいていました。

さて、琉球で仏教が本格的に広まったのは尚泰久王《しょうたいきゅうおう》（一四一五〜一四六〇）の時代です。彼によって多くのお寺が建立されました。しかし、これらのお寺の多くは近代化の中で廃寺になり、残ったお寺も沖縄戦で焼失してしまいます。そのせいで現在の沖縄には仏教のイメージがわかないのでしょう。もちろんすべてがなくなったわけではなく、琉球王国時代から続く由緒あるお寺も一部残っています。もし、仮に王国時代にあったお寺がすべて残っていれば、京都のような古刹《こさつ》が多く残る街になっていたはずです。ちなみに琉球では仏教の宗派が臨済宗（禅宗）と真言宗に占められていることが大きな特徴です。

琉球で最大の寺院が、首里城の北側にあった円覚寺というお寺です。ここはかつて琉球国王（第二尚氏王統）の菩提寺で、一四九四年に建立されました。琉球で唯一、七堂伽藍《しちどうがらん》が整った臨済宗の総本山でした。円覚寺には総門・山門・仏殿などの建物が並び建っていましたが、琉球のお寺なのでさぞかし中国風な建築物と思いきや、どちらかというと日本風な建築物です。円覚寺という名前の通り、鎌倉にある円覚寺の建築様式の影響を受けていると言われています。

琉球の円覚寺の初代住職は京都にある南禅寺の流れをくむ芥隠《かいいん》という人です。古琉球の琉球国内には、日本出身の住職がたくさんいて、外交官や学者の役割を担っていました。また王国時代には、国王や王府役人がさかんに寺院に参拝していました。正月には役人約三〇〇名が那覇の諸寺院に参拝し、最後は円覚寺で祈願する儀式が恒例となっていました。

円覚寺は沖縄戦で焼失してしまい、現在は復元された総門と放生池とそれに架かる放生橋が残るのみです。

通る時は下馬！　崇元寺

那覇市の観光名所である国際通りからほど近い場所に崇元寺《そうげんじ》というお寺がありました。ここは舜天《しゅんてん》王統から第二尚氏王統までの歴代国王の位牌が祀られている、いわゆる国廟でした。

廟というのは、たとえば、徳川家の人々を祀る東照宮やインドにあるタージ・マハルなどを想像していただけたら良いでしょう。崇元寺はその琉球版の国廟なのです。冊封《さくほう》の時には、冊封使たちが歴代国王の祀られていた崇元寺を訪れ、亡くなった前代の王を弔う儀式をしました。

崇元寺前の道路には左右に一基ずつ「下馬碑《げばひ》」という石碑が建っていて、碑面には「身分の高い人も低い人もここから馬から降りるべし」という内容が書かれています。つまり、神聖な崇元寺の前の道ではどんなに偉い人でも、歴代国王を敬うために馬を降りて歩いて通りなさいという意味なのです。

崇元寺は内部に装飾が施された豪華な建物でしたが、ここもまた沖縄戦によって焼失し、戦後には都市開発により敷地も削られてしまいました。現在では残った敷地は公園となり、復元された石垣と門、そして数百年も歴史を見続けた下馬碑の片われだけがさみしく残っています。

守って！　中国の女神様

琉球には仏教のほかにも外国から伝わった信仰がいくつかありました。そのひとつに「天妃《てんぴ》（媽祖《まそ》）信仰」という女神信仰があります。あまりなじみのない神様かもしれませんが、この天妃信仰はもともと中国の福建省で生まれた航海安全を願う信仰です。

一〇世紀後半ごろ、福建省の莆田《ほでん》という地方に予知能力のある女性がいました。ある日、彼女は航海に出た父と兄が嵐に遭って波にのまれそうになっている夢を見ました。そこで彼女は手を差し伸べ父を助けます。次に兄を助けようとした時に、母が夢でうなされている彼女を起こしてしまい、兄は助かりませんでした。しかし、父は無事に助かったこともあり、彼女は人々の危機を救う能力があると評判になりました。

後世、彼女は「媽祖」と呼ばれ航海安全の女神様として崇められるようになります。やがて媽祖は中国の元朝の時に「天妃」という称号を与えられ、清朝の時に「天后《てんこう》」の称号を与えられます。そのため、媽祖のことを天妃や天后とも呼ぶようになりましたが、琉球では「天妃」の名で呼ばれることが多く、「唐の菩薩」や「菩薩加那志《ぶーさーがなし》」とも呼ばれました。天妃信仰はその後、東アジアを中心に全世界に広がっていきました。現在では華僑が住む世界各地に五〇〇〇もの天妃（媽祖、天后）宮があると言われています。

中国の福建省で生まれた天妃信仰ですが、琉球には一四世紀頃にもたらされたと考えられています。琉球での信仰の中心となっていたのが、久米村《くめむら》にあった天妃宮という施設です。久米村の天妃宮は二つあり、それぞれ上天妃宮と下天妃宮と呼ばれていました。その他に久米島にも同じ媽祖信仰である天后宮がありました。ちなみに、現在の日本では横浜にある媽祖廟が有名でしょうか。

これらの天妃宮の中には天妃の像が安置されていました。そして、進貢《しんこう》などで航海に出る際には、この像を船中の専用の棚へ納め、航海安全を祈っていたのです。また、船の乗組員には船長や航海士などいろいろな役目を持った人がいますが、なんと船中での天妃像を管理する役目の乗組員もいました。彼は「総《そう》官《かん》」と呼ばれ、船の航海安全祈願を担当していたのでした。気象情報もない時代ですので、無事に航海できるかどうかは航海士の知識と経験と技術にかかっていました。しかし、優秀な彼らの働きをもってしても、航海に出る人々は「嵐に遭ったらどうしよう」と大変な不安にかられていたことでしょう。そこで人々は総官と共に天妃像に航海安全を祈願し、心を落ち着かせていたのでした。

琉球処分後の一九二八年、天妃宮は久米村の有志で構成される社団法人久米崇聖会によって新築移転されますが、沖縄戦で焼失してしまいました。そして、一九七五年に那覇市（孔子廟の境内）に再建され、現在でも久米崇聖会によって管理運営されています。また、かつて上天妃宮のあった場所は現在、那覇市立天妃小学校になっています。小学校の一画には一五世紀後半に建造されたと考えられている上天妃宮の石門が現存しており、那覇市指定文化財となっています。

すべての道は首里に通ず！

「すべての道はローマに通ず」という言葉があります。この言葉が表すように、古代ローマ帝国は道路の整備を重要視しており、ローマを起点に街道が放射状に延びていたそうです。それと同じように近世の琉球でも首里を起点に街道が放射状に広がっていました。この街道は「宿道《すくみち》」と呼ばれ、首里と各間切を結んでいました。現在でも古老からの聞き取り調査の中で「この道は首里に通じる道だよ」というエピソードを聞くことができます。まさに「すべての道は首里に通ず」だったのです。

宿道は首里城の門が起点となっていて、沖縄島の北部や南部に向けて五つありました。まるで、江戸を起点とした五街道（東海道や甲州街道など）のようです。宿道の幅は約二・四メートル（八尺）以上と定められていて、要所は石畳で舗装され、両側に松が植えられた並木道になっていました。あるいは「石粉《いしぐー》」という石灰岩を砕いたもので突き固められた白い道でしたが、現在はその多くが舗装されてアスファルトの道路になってしまいました。しかし、一部は石畳道が残っており当時の面影を見ることができます。歴史街道として整備されているところもありますので、かつての王府の役人や村の人々が往来した宿道跡を歩くことができます。

首里と各間切を結ぶ宿道の真価を問われるのが、王府と各間切との情報のやり取りです。宿道は各間切番所（間切の役所）を必ず経由していて、その間切番所には、王府からの連絡をリレー方式で伝えるため、必ず待機している当番の役人がいました。

現在では電話やメールで世界中どこにでも瞬時に情報を伝えることができますが、当時はもちろんそんなものはありません。そのため、情報を伝えるには人から人へ、口頭か書面で直接伝えなければならないのです。ところが一人で国中に伝えまわっていたら大変なので、リレー方式がとられるようになったのです。

たとえば、王府から各間切へ事務連絡の文書があったとしましょう。まずこの文書を持った者が馬で首里の隣にある西原《にしはら》間切（現・西原町）の番所へ向かいます。番所では当番の役人が待機していて、そこで文書を書き写します。書き写したら西原間切の役人がオリジナルの文書を持って隣の宜野湾《ぎのわん》間切（宜野湾市）に向かいます。そこでまた書き写して宜野湾間切の役人が隣の間切へ……というふうにリレー形式にすることで、短時間で情報が隅々まで伝えられたのでした。

宿道は王府と各間切をつなぐ大切なものですので、常に使える状態に保つよう、各間切がメンテナンスを任されていました。たとえば土砂崩れで道がふさがっていたので、王府からの緊急連絡が届きませんでした、となってしまっては問題です。道が通行不能となった場合には大至急直すことが間切には求められていました。そうすることで、王府と各間切が常に連絡を取り合える状態を保っていたのです。

とは言え、物流では海路が主流で、租税や物資の運搬もほとんどが船でおこなわれていました。整備されていた宿道でも、アップダウンが激しい急勾配の区間や、明治期に整備されるまで馬車が通れなかった区間もあり、物流には向いていなかったのです。

たくさん建造された琉球の石造アーチ橋

さて、前のトピックでは宿道という陸上交通をご紹介しました。ところが、陸上交通において障害となるものがあります。それは川です。道路を分断する川を渡るには二つの方法があります。舟で渡るか、橋を架けるかの二つです。舟は天候にも左右されるので、やはり利便性で言えば橋を架けるのがベストと言えるでしょう。そのため、宿道の道中には多くの橋が架けられました。

琉球王国で橋と言えば石造橋が主流でした。それもアーチ構造を持つ石造アーチ橋です。実は琉球は古くから石造アーチ橋が造られた地域でした。現存する橋の中で最も古く建造されたものに首里城近くの弁財天堂に架かる天女橋や、宮古《みやこ》島《じま》にある池田《いけだ》矼《ばし》があります。天女橋は一五〇二年に、池田矼は一五〇〇年頃に建造されました。有名な長崎の眼鏡橋は一六三四年竣工ですので、天女橋や池田矼は、それより一世紀以上早いことになります。その他の沖縄県外の石造アーチ橋の建造もだいたい一六〇〇年代以降の建造なので、琉球の石造アーチ橋は現在の日本国内で最古の部類のものと言えるでしょう。また、アーチ構造を持たない石橋だとさらに古く、円覚寺の境内にある放生橋は一四九八年に建造されています。

数多くの石造アーチ橋の中でも一番美しいといわれたのが真玉橋《まだんばし》です。真玉橋は真和志《まわし》間切と豊見城《とみぐすく》間切の間を流れる国場《こくば》川《がわ》に架かる橋で、六つのアーチを持つ石造アーチ橋でした。

完成したのが一五二二年で当初は木造橋でした。完成の際には、一〇〇〇人の王府役人と聞得大君をはじめとした神女、三〇〇人の僧侶が参加する竣工式を開催、聞得大君は橋の完成を祝福するミセゼル（神託）を唱え、僧たちは橋供養をおこなっています。木造の橋は一七〇七年から翌年にかけて石造橋に改修されました。以後、何度か改修され戦前まで残っていました。真玉橋の外観は大変美しく、琉球一の名橋と謳われていました。

戦前に沖縄を訪れ、歴史的建造物などを視察した建築家たちはみんなこの橋を大絶賛しています。中には「ローマへ持って行っても決して恥ずかしくない構成美」と言う人まで！　そんな琉球一の名橋・真玉橋でしたが、残念ながら沖縄戦で破壊され、現在は石造橋を模した三連アーチのコンクリート橋になっています。なお、発掘調査で戦前の石造橋のアーチ部分が出土したので、近くに移築されています。

戦前の真玉橋　那覇市歴史博物館提供

琉球の海を走った馬艦船

大小一六〇の島で成り立つ琉球。現在では飛行機で各地域が結ばれており、短時間で行き来できるようになりました。しかし、飛行機がなかった時代、島外への交通手段は船のみでした。さて、近世の琉球ではどのような船が交通を担っていたのでしょうか。

その一つに、海洋国家・琉球のシンボルである進貢船があります。これは木造の中国式帆船（ジャンク船）で、那覇と中国の福州を結んでいた船でした。

ジャンク船の特徴は、船体を「キール（龍骨）」と呼ばれる大きな木の柱が貫いていたことと、隔壁と言って船体がいくつもの壁で仕切られていたことです。このため船体は頑丈で、万が一穴があいて浸水しても、隔壁によって被害は最小限となり、沈むことはなくなります。

ところで、当時の琉球船は卵から誕生していました。

なぜなら琉球では造船所のことを「スラ場」と呼んでいました。この「スラ」ですが、琉球語の「シディユン」あるいは「スディユン」が由来と言われています。この「シディユン」には「卵がかえる」という意味があり、船が完成し大海原へ飛び出すことを、「卵からかえる」と表現していたのです。主な「スラ場」は、那覇港沿岸の垣花《かきのはな》や石垣島《いしがきじま》・西表島《いりおもてじま》などがあげられます。

なお進貢船の前方に描かれている大きな目ですが、これは鳥の目を表しているそうです（中国では龍の目ともされます）。進貢船などの航海用の船は遥か彼方の陸を見つめていて、漁船は海中の魚が見えるように、下の目線で描かれていたそうです。この目を描く文化は現在の中国でも見ることができます。

当時、最も多く使われたジャンク船に馬艦船《まーらんせん》と呼ばれるタイプの船があります。馬艦船が初めて建造され、就航したのが一七一〇年。中国の様式であるジャンク船の一種で、スピードが出る・安定性が高い・たくさんの荷物を積める、と三拍子そろっていました。

さらに、船体の水に浸かる部分（喫水《きっすい》）が浅いため、サンゴ礁が多い沖縄の海でも座礁する危険性が少なく、スイスイ進めました。そのため、馬艦船は爆発的に普及します。

馬艦船は民間業者も数多く所有しており、民間業者の船の代名詞でもありました。まさに馬艦船は琉球を代表する船と言えます。馬艦船は那覇や首里の都市部、また久高島《くだかじま》や浜比嘉島《はまひがじま》など沖縄島近くの離島、大里間切与那原村《おおざとよなばるむら》（現・与那原町与那原）の民間業者が多く利用していました。とくに久高島や浜比嘉島は小さな島で農耕よりも海に出て働くほうがよかったのです。

琉球国内を結ぶ公用船も馬艦船になっていきました。王府は間切や村が所有する公用の船（地船）を馬艦船タイプに変えるようにと行政指導するくらい、優秀な船でした。民間業者はやがて王府の業務も代行するようになります。租税運搬だけでなく、出張役人や流刑人の運送、行政文書の送付などもおこない、海上交通の花形として大活躍します。

王国が滅び、明治に入ってからも馬艦船は沖縄各地の航路を結ぶ運搬船として使われ続け、沖縄北部を航行していた船は「山原船《やんばるせん》」と呼ばれました。

女性だけの村・辻村!?

明治時代に調査された那覇四町の人口統計があります。これを見ると、不思議な点があります。西村《にしむら》の男女の人口比に注目してみると、東村《ひがしむら》・若狭町村《わかさまちむら》・泉崎村《いずみざきむら》では男女の人口の差がほとんどないのに対し、西村は女性が多くなっています（男＝一八一三、女＝二三二七）。現代の人口統計でもそうですが、男女の人口比というのは何か特別な理由でもない限りは、ほとんど差がありません。では、西村に女性が極端に多い「特別な理由」とは何なのでしょうか。

西村に女性が多い理由は、西村の中に女性だけが住む辻村《つじむら》と呼ばれる村があったからです（西村も辻村も同じ「村」ですが行政上、辻村は西村の一部でした）。なぜここには女性だけが住んでいたのでしょうか。実は、ここは村そのものが遊廓になっていたのです。

遊廓というのは、芸妓や娼妓たち遊女がいるエリアのこと。彼女たちは歌や踊り、あるいは料理で客をもてなし、一夜を共にしたのでした。日本では江戸にあった吉原遊廓が有名ですね。ちなみにNHKの大河ドラマ「龍馬伝」に出てきた「お元」という芸妓がいたのが長崎の丸山遊廓です。そして、遊廓は琉球王国にもあり、そのうちのひとつが辻村（辻遊廓）だったのです。

辻遊廓はいつ頃、どのようにできたのでしょうか。辻遊廓の成立については諸説あり、はっきりはしませんが、一説には一六七二年につくられたと言われています。辻遊郭ができるまでは、遊女たちは各地に点在していました。そこで、王の許可を得て、誰も住んでいない広々とした野原に家を建てて那覇に属させ、街中に散らばっていた遊女たちをそこに移したとされています。

辻遊廓の中心となるのは、もちろん遊女です。琉球では遊女のことを「ジュリ」と呼んでいました。辻は女性中心の村ですが、彼女たちジュリの多くは、自ら望んで辻へ来たわけではありませんでした。疲弊した農村部から幼い頃に売られてきたり、あるいはジュリの子として辻で生まれ育ったジュリもいました。

近世のジュリたちを描いた資料は乏しく、実は彼女たちの生活はよくわかっていません。その代わりに、近代（明治〜昭和）の辻の女性たちをご紹介したいと思います。まず、農村部から売られてきたり、辻で生まれ育った少女たちは、「アンマー」と呼ばれる抱え親のもとで幼いうちから踊りや三線《さんしん》の練習をしたり、雑用などをしました。幼い頃からアンマーに育てられたため、アンマーが実の母親と勘違いしていた子もいたほどで、家族のような関係だったそうです。

一四、五歳になると、アンマーの指導のもと客をとるようになりますが、稼いだお金はアンマーの手元に入りました。ジュリとして一人前になると、自分で客を選べるようになり、アンマーへ対し借金（両親へ支払った金額＋衣裳や化粧品代＋利息）の返済を始め、それがすべて払い終わると晴れて自由の身となったのでした。その後、故郷に帰る者やジュリを続けアンマーになる者がいました。

辻は女性による二つの自治組織によって運営されている村でした。上村渠《ういんだかり》・前村渠《めーんだかり》と呼ばれる両組織の長は「盛前《むいめー》」といって遊郭のアンマーたちから選ばれ、辻の年中行事や辻村の業務と対外的な交渉を担当しました。特に年中行事の中で重要なのは旧暦一月二〇日におこなわれる「ジュリ馬《うま》」という祭りです。この祭りは辻以外から多くの見物客が訪れ、着飾った辻のジュリたちが行列を作って辻村を練り歩きました。「盛前」たちはこの祭りを采配し、成功させることが大きな仕事でした。

辻のジュリたち
那覇市歴史博物館提供

客の選択権は遊女がにぎる！

遊郭というと男性と女性が一夜をともにする場所ですが、辻はそうした遊郭としての性格だけでなく、料亭としての性格も持ち合わせていました。男性は辻村に遊びに行っても、気に入ったジュリがいて、希望すればすぐ一夜をともにできるわけではありませんでした。辻のジュリは気位が高くお客を選ぶことができ、大金を持っていてもジュリの機嫌を損ねれば、門前払いされてしまいます。ジュリをどうにか口説いて気に入られれば、裏座へと案内され、ようやく結ばれるのです。

裏座に案内されるには、お客は口説き上手でなくては叶わなかったのですが、一度ジュリのハートを射止めれば、ジュリはまるで恋人のようにその男性に親身になって尽くしたそうです。ジュリはお金さえ払えば誰とでも寝るというわけでは必ずしもなかったわけです。

また王国時代には辻遊廓以外にも渡地遊廓《わたんじゆうかく》と仲島遊廓《なかしまゆうかく》という二つの遊廓がありました。そのうち渡地遊廓は那覇のすぐ南側にあり、遊廓自体がひとつの島になっていました。そのため、遊廓へは橋を渡らないといけません。男たちはジュリへ会いに行こうかどうか、その橋のたもとで夜な夜な思案したことでしょう。そのため、この橋は思案橋《しあんばし》と呼ばれるようになりました。長崎県の思案橋も有名ですが、琉球にも思案橋があったのです。男たちが思案した思案橋は一八八五年に付近の埋め立てにより撤去され、幻の橋となってしまいました。

ところで、遊女を指す言葉に「傾城《けいせい》」という言葉があります。元は中国の故事で「美女に夢中になって城が傾く」という意味です。琉球の辻遊廓でも例に漏れず、ジュリに夢中になった男たちがいました。長期間辻遊廓に籠って、久しぶりに家に帰ってみると、妻子は姿を消し、近所の人も入れ替わって浦島太郎状態だった、という笑い話もあるほどです。

このような男性が増えてしまうと、まさに傾城の字のごとく、国の政治にも影響が出てしまう可能性があります。そこで、王府は首里・那覇の士族たちに対しジュリを買うことを禁止し、「傾城証文《けいせいしょうもん》」と呼ばれる「ジュリを買っていません」という誓約書を提出することを義務付けました。

また五《ご》人与《にんぐみ》と呼ばれるグループが設定され、与内の一人が違反すれば残りの四人も処罰されるという連帯責任制が採られました。これによって、ジュリ買いが減少すると思いきや、「ジュリ買いをするのはお互い様」と言わんばかりに違反する者が続出し、まさに「赤信号みんなで渡れば怖くない」状態。結局、傾城証文は有名無実の制度で終わったようです。

王国のファッション・琉装

江戸時代の日本人のファッションと聞くと、どのようなものをイメージするでしょうか。たとえば、男性であれば肩のとんがった裃《かみしも》にチョンマゲ頭、あるいは女性であれば現在の成人式に着るような振袖といった、いわゆる「和装」をイメージするのではないでしょうか。

同じ時期を生きた琉球人のファッションはどのようなものだったのでしょう。当時の琉球人は和服ならぬ琉服を着ていたのです。また、髪形もチョンマゲではなく、独自の髪形をする「カタカシラ」と呼ばれる格好をしていました。

琉球士族の男性は広袖《ひろそで》に広衿《ひろえり》で身幅がゆったりとした衣裳に大帯をしめ、「ハチマチ」と呼ばれる位階別の冠を被っていました。国王は王冠をかぶりますが、それと同じように琉球の役人たちも冠をかぶっていたのです。ハチマチは漢字で「帕」や「八巻」と書きます。もともとはターバンのようにおよそ三メートルもの長い布をグルグル巻いていたのですが、のちに巻いた形をそのまま固定した帽子状のものが一般的になります。役人たちは公式行事や礼式の時にこのハチマチをかぶっていました。

ハチマチは位階によって色が定められていました。たとえば、筑登之《ちくどぅん》や里之子《さとぬし》クラスだと赤色のハチマチをかぶり、親方《うぇーかた》クラスだと紫色のハチマチをかぶるといった具合です。また、紫色のハチマチより上には模様の入った「浮織冠《うきおりかん》」というものがあり、色は黄色や赤色など様々でした。ランクの高い順から並べると、浮織—紫—黄—赤—青—緑という順番になります。

一方、士族の女性は「胴衣（ドゥジン）」と呼ばれる丈の短い衣裳に、「下裳（カカン）」と呼ばれるプリーツスカート状の衣裳をはき、さらに、その上から表衣（現代で言うアウター）を着ていました。また、振袖をはじめとする和装では、きつく帯をしめますが、琉装では表衣の上から帯をしめません。男性の広袖・広衿や、女性が帯をしめないなど、風

琉装の男女

当時の琉球の女性は手の甲に刺青をするのが習わしだった

通しの良いスタイルは亜熱帯である琉球ならではのファッションなのでしょう。

どっちがヘン？　琉球と日本の髪型

当時の琉球の成人男性の髪形は「カタカシラ」と呼ばれるものでした。日本のチョンマゲとはまったく形の異なるもので、月代《さかやき》（額から頭頂部にかけて髪を剃ったもの）はなく、頭頂部よりやや後ろにお団子状に髪を結ったものです。お団子の部分に前から一本、後ろから一本の簪《かんざし》を挿していました。士族から百姓までこのカタカシラを結っていました。

もともとは左耳の上に髪を結っていたそうで、片側に髪を結うのでカタカシラと呼んでいたそう。ちなみに、琉球人がつけた当時の日本人に対する呼称に「大和前坊主（ヤマトゥメーボージャー）」という言葉がありました。「前坊主」とは「前だけ坊主」という意味。髪を剃って月代をつくるチョンマゲ。なんだか前だけ坊主に見えませんか？　当時の日本人の髪形は琉球人からすると異様に映っていたようです。

一方、女性はカラジという髪形をしていました。カラジにもいろいろなバリエーションがあって、優雅な上流階級の結い方や百姓の結い方、辻のジュリの結い方などがあったそう。男性が二本の簪を挿すのと違い、一般的に女性は一本の簪を挿していました。

琉球の文様は舶来ものが主流？

琉球を代表する染物に「紅型《びんがた》」があります。観光客向けのお土産屋さんが立ち並ぶ国際通りでも、多くの紅型製品を見ることができます。紅型は沖縄に旅行で訪れたことのある方なら一度はご覧になったことでしょう。この紅型は近世琉球からある染物です。ちなみに、紅型という呼称は近代になってからできたようで、当時は「型付（カタチキー）」などと呼んでいたようです。

近世の紅型にはどんな文様が描かれているのでしょうか。紅型の文様は、ヤシの木やハイビスカスなどさぞかし亜熱帯チックな物が描かれていたかと思いきや、実はそうではないのです。なんと、鶴亀や松竹梅などの日本風の文様や、龍やコウモリといった中国風の文様など、舶来もののデザインが主流でした。中には沖縄に降らない雪の文様が描かれた紅型もあります。文様自体は日本や中国から伝わったものですが、当時の琉球人は伝えられたデザインをそのまま使うことはしませんでした。たとえば、赤と紫の鶴や黄色い松など、独特の色彩センスで配色していたのです。

独特の色づかいは文様だけでなく、紅型の下地の色そのものもそうです。日本の和服のような繊細な配色ではなく、赤や黄色、青といった目が覚めるほどの原色が目立ちます。たとえば王族が着た黄色の紅型衣裳は、有毒の石黄（硫化ヒ素）を使って染め上げ、かぎりなく鮮明な色を出そうとしています。こうした原色を多用するのは、沖縄の亜熱帯の風土、強い日差しの中で色がより映えるからだと考えられます。首里城の建物が真紅なのも、同じような理由でしょう。

紅型に用いられた日本風なデザインや中国風なデザインは、今風に言えば国内ブランドが海外で流行ったカラーやデザインを取り入れる、といった感じでしょうか。「今年の流行文様は松竹梅！」などブームなどもあったのかもしれません。

紅型は現在沖縄の伝統工芸として人々に親しまれています。紅型の文様をモチーフにした「かりゆしウエア（夏場に着用される沖縄の半袖シャツ）」、観光地では紅型衣裳を羽織って記念写真撮影ができます。沖縄には紅型が身近にあるため、琉球王国の人々もみんな紅型の着物を着ていたと思われがちですが、実はそうでもありませんでした。紅型は王家や一部の士族など富裕層のみが着る超高級品だったのです。特に黄色の紅型衣裳や龍や鳳凰のデザインは王族しか着ることが許されていませんでした。

つまり、王国時代には紅型を着ることができない人のほうが圧倒的に大多数だったのです。一般庶民にとっては着るどころか、見たことすらなかった人もいたかもしれません。

色鮮やかな芭蕉布

紅型のほかにも芭蕉布《ばしょうふ》があります。バナナの仲間である芭蕉の木の繊維で織られた布で、風通しがとても良い布です。現在でも沖縄の伝統工芸として織られており、観光地では、芭蕉布を利用したお土産も売られています。近世の琉球では、各屋敷に芭蕉が植えられており、女性たちが糸を紡ぎ、機織りをしていました。織られた芭蕉布は紅型衣裳とは異なり、身分にかかわらず、広く普及していました。

芭蕉布と言えば、何色をイメージするでしょうか。現在、織られている芭蕉布の多くは染められていない芭蕉糸のままの薄茶色（生成り色）をしています。お土産品に利用される芭蕉布もこうした色が多いので、どうしても芭蕉布＝薄茶色というイメージが強いでしょう。

ところが、近世に織られた芭蕉布を見てみると、色鮮やかに染められたものもたくさんあります。士族男性が着る黒色や空色、黄緑色の衣裳をはじめ、緋色や黄色、赤色など、実に色とりどりでした。

また、王国時代には「絹芭蕉《きぬばしょう》」という布も作られていました。この布は芭蕉の木の芯の一部からとれる極細の糸で織られたもので、藍で真っ黒になるまで何度も染められます。できあがった布は光沢があり、まるでシルクのような肌ざわり。この絹芭蕉は身分の高い役人の「黒朝衣《くろちょうい》」という正装に使われました。現在の技術ではこうした絹芭蕉を作ることはできないそうです。東京国立博物館に、この絹芭蕉を使った黒朝衣が現存しています。

もちろん、その多くは紅型同様に王家や一部の士族たちのために織られたもので、大多数の人が着ることができたのは、薄茶色の芭蕉布ですが、近世には現在のイメージとは異なる色鮮やかな芭蕉布の衣裳が着られていたのです。

琉球が生んだ名酒・泡盛

沖縄県を代表するお酒と言えば、やっぱり泡盛《あわもり》。県内各地に酒造メーカーがあり、様々な銘柄の泡盛が造られています。特産品として県外でも有名なお酒と言えるでしょう。もちろん沖縄県でも老若男女問わず皆に愛されているお酒です。そんな沖縄県民の愛する泡盛は約五〇〇年以上の歴史を持つ由緒あるお酒です。近世の琉球では、王府がその生産を管理し、琉球国内はもちろん、日本や中国にも渡っていました。

泡盛は米を原料とした蒸留酒の一種で、焼酎の仲間です。泡盛の特徴は黒麴菌《くろこうじきん》を用いて造られることと言えます。温暖で多湿な沖縄の風土では黒麴菌が酒造りに適しているそうです。これに対して焼酎は泡盛とは違い白麴菌が使われています（ただし、明治以前は黄麴菌が使われていたそうです）。ちなみに、黒麴菌のみを用いて酒造りをおこなっていたところは、世界中で沖縄だけだそうです。驚きですね。

泡盛がどのように誕生したのか、実はよくわかっていません。東南アジアや中国から蒸留酒造りの技術が伝わり誕生したと考えられています。少なくとも一五世紀には東南アジアから輸入した「南蛮酒《なんばんしゅ》」や「天竺酒《てんじくしゅ》」などのお酒があったことが史料から確認できることから、それと一緒に蒸留酒造りの技術も伝わったと考えられます。その後、蒸留酒造りの技術は薩摩へ伝わり、以後、焼酎として九州を中心に広がっていったのでした。

琉球で泡盛が本格的に造られるようになるのが、一六世紀後半です。この頃は、東南アジアとの貿易が衰退したことで、東南アジア製品が入ってこなくなりました。きっと、東南アジア製のお酒も同様に入ってこなくなったのでしょう。そのため、琉球は自前の商品の生産に力を注いだと考えられています。そこで、泡盛が本格的に造られるようになったのです。

近世の琉球では首里王府がその生産を管理していました。生産拠点となったのが、首里の赤田《あかた》村《むら》・崎山《さきやま》村《むら》・鳥小堀村《とうんじゅむいむら》です。この三ヵ村に「焼酎職《しょうちゅうしょく》」と呼ばれる職人がいて、泡盛の原料となる米と、蒸留器を王府から支給され泡盛を製造していました。

首里王府内には「賦方《くばりほう》」と「銭蔵《ぜにぐら》」という役所があって、賦方は酒造りの職人に関することや泡盛の流通に関することを担当し、銭蔵は王府内で使う泡盛の保管や出納を担当していました。琉球語で酒を「サキ」と言いますが、古くはお酒のことを「銭」と表現しています。「銭蔵」は「お酒の蔵」というわけです。なお「泡盛」という名称は琉球国内では使用されず、もっぱら対外向けの名称でした。琉球では泡盛は単にサキ（酒）と呼ばれていました。

首里の城下町で造られた泡盛は薩摩《さつま》や江戸幕府への献上品としても用いられました。江戸では泡盛はお酒の番付でトップクラスにランクされるほど高級なお酒で、当時の値段をみると泡盛一升で銀一二匁（約四万八〇〇〇円！）でした。

また泡盛は民間商船（馬艦船）によって各間切や島々に運ばれ、国内でも消費されていました。宮古島では首里の高級な泡盛を買い過ぎて税が払えなくなるというケースも。そのような乱費を防ぐために地方行政の管理で簡易な醸造酒を造り、販売していたそうです。ただし、気軽に買えるわけではなく、理由書を書いて役所に申請してからでないと買えませんでした。

それ以外にも、泡盛は進貢船にも積み込まれていました。目的は中国で故郷を懐かしんで飲むためではなく、進貢使のメンバーや船の乗組員たちが私貿易のため積み込んでいました。泡盛を中国で売って儲けていたようです。身分によって積み込める量は決まっていましたが、中には一〇〇升（約一八〇リットル）も積み込んだ猛者《もさ》も！　これほどの量を売ったらいくらになるのか、ちょっと気になりますね。

ところで、長く寝かせた泡盛を「古酒（クース）」と呼びます。現在では三年以上寝かせたものを古酒と呼ぶと定められており、中には一〇年ものや二〇年もので何万円もする高級な古酒もあります。泡盛を寝かすことは、近世からおこなわれていたようで、戦前まではなんと二〇〇年から三〇〇年ものの古酒がざらにありました。

一八五三年、アメリカのペリーら一行は王府より歓待の宴に招かれていますが、その中でかなりの古酒と思われる泡盛をふるまわれています。その酒は芳醇でまろやか、きつくて甘味のあるドロッとした舌ざわりで、フランスのリキュール酒に似ていたと証言しています。おそらく数百年の古酒だったと考えられますが、このクラスの泡盛を味わったことのある人はほとんどいないので、確かめる術《すべ》はありません。

残念なことに、こうした泡盛はそのほとんどが沖縄戦で失われてしまいました。現存するものの中で最も古いものは首里の酒造所にある約一五〇年もの。奇跡的に戦災をかいくぐったようです。もし、販売するとなると金額は……付けられません。先祖代々受け継いできた古酒を子々孫々に受け継いでいきたいものです。こんなプライスレスなことはありません。

琉球ブームに便乗？　北斎も描いた琉球

沖縄の浦添市《うらそえし》美術館には、「琉球八景」という琉球の風光明媚な風景を描いた浮世絵が所蔵されています。作者はかの有名な葛飾北斎《かつしかほくさい》。ということは、葛飾北斎は琉球へ来ていた⁉　いえいえ、誤解しないように結論から先に言いますと、葛飾北斎は琉球へは来ていません。では、琉球へ来ていない葛飾北斎は、どのように琉球の風景を浮世絵にしたのでしょう。

江戸時代の日本で『琉球国志略《りゅうきゅうこくしりゃく》』という本が刊行されていました。これは一七五六年に琉球を訪れた冊封使の周煌《しゅうこう》によって書かれたもので、琉球の地理や文化を紹介した紀行文です。この本の中に「球陽八景」という琉球の風光明媚な八つの景色が、絵で紹介されています。北斎はこの「球陽八景」を参考にして、先の「琉球八景」を制作したのでした。

葛飾北斎が「琉球八景」を制作した背景には、江戸立《えどだち》による琉球ブームがありました。琉球国王や江戸幕府の将軍が替わる際に、琉球は使節団を派遣し、薩摩藩のメンバーと一緒に江戸へあいさつに行っていました。当時、日本は「鎖国」政策がしかれていたこともあり、日本人にとって外国は身近な存在ではありませんでした。そんな中、海の向こうの琉球という国から、琉球人（外国人）がやってくるわけです。

流行に敏感な江戸の人たちがこの物珍しい話を見逃すわけがありませんでした。使節団の江戸訪問にあわせ、琉球関連の本が出版されたり、琉球使節団の様子を描いた浮世絵が制作されたりと、江戸時代の琉球ブームが巻き起ったわけです。一八三二年には尚育王《しょういくおう》が国王になったことで琉球使節団が江戸へ向かいました。北斎の「琉球八景」はその時の琉球ブームの一環として制作されたものでした。

琉球八景は八つの浮世絵で成り立っていて、ネーミングや全体的な構図などは、元ネタの「球陽八景」とほぼ一緒なのですが、中には元ネタにはない北斎の創作もあります。たとえば、「龍洞松濤《りゅうどうしょうとう》」。那覇の南側を流れる国場川の中にあった奥武山《おうのやま》という小島と、その島にあった龍洞寺を描いたものですが、なんと雪景色！　もちろん沖縄は雪が降らないので、実際の景色ではありえません。

またいくつかの浮世絵の背景には、なんと富士山が描かれています！　琉球から富士山は見えないので、あくまでも「富士山っぽい山」です。もちろんこれも創作です。それから、琉球の赤瓦《あかがわら》のことを知ってか知らずか、建物の屋根はすべて日本風な青色の瓦になっています。

雪景色だったり富士山が描かれていたりと、琉球を描いた浮世絵ですが、どことなく日本風な、北斎ワールドが広がる「琉球八景」です。

王朝の終焉と波乱の歴史

王朝の最期を見届けたエリート役人・喜舎場朝賢

琉球王国《りゅうきゅうおうこく》の末期に、首里王府の役人を務めた喜《き》舎場《しゃば》朝賢《ちょうけん》（向延翼《しょうえんよく》）という人物がいます。彼は国学出身のとても優秀な人で、王府の役人として活躍していました。また、尚泰王《しょうたいおう》のそばに仕え、国王のブレーンにもなりました。そんな将来有望だった喜舎場。彼は時代の流れに翻弄された波瀾万丈の生涯を送ります。

日本では明治維新に向けて動いている頃、琉球では尚泰の冊封《さくほう》がおこなわれていました。この時の冊封が最後になろうとは、誰も予想していなかったことでしょう。一八七一年に日本で廃藩置県がおこなわれると、琉球王国は鹿児島県の管轄下になりました。この頃の琉球王国内部では日本でおこっていた明治維新や廃藩置県など社会の変化に対して、あくまで海の向こうの出来事だと感じていました。かつて、中国が「明」から「清」へ変わった時、琉球王国は事なきを得ましたが、その時のように、それはあくまで日本国内の事件であり、琉球王国という国を揺るがす事件へ発展するとはまったく感じていなかったのです。

一八七二年、明治政府は琉球王国に対し、入朝（使節を派遣して挨拶に行くこと）することをうながしました。そこで琉球は「維新慶賀使《いしんけいがし》」という使節団を東京に派遣します。これは明治維新の実現をお祝いするための使節団で、喜舎場もこのメンバーになっていました。

東京へ着いた使節団は明治政府から歓迎を受けます。しかし、そこで使節団を待っていたのは予想外のことでした。彼らは明治政府から「尚泰を藩王に任命して、華族（侯爵）にし、そして琉球王国を琉球藩とします」ということを伝えられたのです。これは使節団からすれば意味がわかりません。廃藩置県で「藩」がなくなったのに、なぜ今さら「琉球藩」なのでしょうか。この出来事を琉球側は「日本からの呼び名が変わって、琉球の管轄が鹿児島県から明治政府に変わっただけだろう」ととらえます。事の重大さにはまだ気づいていなかったのです。

明治政府は琉球使節に対し、薩摩藩が琉球に課した税の軽減と、薩摩藩に占領されていた奄美《あまみ》諸島《しょとう》を返還することを琉球藩王の受諾と引き換えに約束し、琉球使節らは喜んで帰国します。もちろん、これは琉球併合を進める明治政府の策略でした。

またこの時、使節団のメンバーが新橋―横浜間で開業した鉄道の開業式典へ招かれ試乗したエピソードが残されています。琉球人で初めて鉄道に乗ったのは彼ら使節団だったのです。琉球には西洋の蒸気機関の船が訪れていたので、蒸気機関については知っていたのでしょうが、煙を上げて走る蒸気機関車を初めて見た当時の人々は驚いたかもしれません。彼らは日本の近代化を肌で感じたのでした。鉄道に乗りながらどのようなことを感じていたのでしょうか。

明らかになる明治政府の考え

当初は事の重大さに気づいていなかった琉球。しかし徐々に明治政府の考え「琉球王国を解体し、県を設置する」というのが見えてくると、首里王府は大慌てです。そして一八七五年には明治政府から派遣された役人・松田《まつだ》道之《みちゆき》がやってきます。彼は明治政府からの要求を琉球に伝えるために琉球を訪れたのでした。

その内容は、中国との縁を切ること、日本の法律を適用すること、日本の軍隊を琉球に置くことなど。これは一大事です。特に中国と縁を切れという要求をのむことはできません。さらに松田は二度にわたって琉球を訪れ、中国と縁を切るように首里王府を説得しましたが、決着にはいたりませんでした。この頃、首里王府内でも、日本の言う通り中国との縁を切るか、日本と中国の両方との関係を貫くか意見が分かれていました。しかしどちらも琉球王国という国を守るための議論だったのです。

明治政府は説得による琉球王国の解体が困難であるということがわかると、藩王・尚泰の逮捕を含めた武力による解体へ方針を変更します。そして、一八七九年三月二七日、三度目の来琉となる松田道之は軍隊と警察官を率いて、首里城へ乗り込みます。そこで首里王府に対し、琉球藩の廃止と沖縄県の設置を宣言したのでした。

首里城明け渡しの時、首里城内は大混乱だったようで、泣き叫ぶ者や荷物を持って慌てて逃げ出す者など、まるで戦場のようだったそうです。喜舎場もまた、王府の役人として首里城明け渡しの成り行きを目の当たりにしていたのでした。そしてついに三月三一日の夕暮れ時、最後の国王となった尚泰が継世門《けいせいもん》から退城しました。退城した国王の行列は泣き叫ぶ声につつまれて、まるで葬式のようだったと言います。

沈みゆく太陽と、かつてティーダ（太陽）の子とたとえられた国王の退城を見て、人々は何を想ったのでしょうか。こうして、約五〇〇年続いた琉球王国はその幕を下ろしたのでした。その後、尚泰とその一族は華族として東京での居住を命じられ、琉球王国の土地と人民は政府へ引き渡すことになりました。この一連の流れを「琉球処分（廃琉置県）」と言います。

もちろん、琉球の人々は王国が解体されるのをただ見守っていただけではありませんでした。明治政府に対して国家を存続できるように何度もお願いしていますし、中国へ対しても救援を求めています。沖縄県が設置された後も中国へ渡り琉球王国の復活に向けて「救国運動」をおこなっていた人たちがいました。しかし、日清戦争で中国が日本に負けてしまうと、彼らの活動もしだいに衰退していったのでした。

琉球王国の解体というのは、つまりそこで働いていた役人たちにとっては総リストラになります。尚泰が東京へ連行される一方、その下で働いていた役人たちもみな失業者になったわけです。

そのような状況で喜舎場はどうしたのでしょうか。彼は同じくリストラにあった首里士族と那覇士族たち二〇人の同志を集めて、久米島《くめじま》へ渡り開墾事業をおこしました。今で言えば「脱サラ」とも言えるかもしれません。しかし、現代で脱サラした人とは違い、喜舎場たちは晴れ晴れとした気持ちではなかったことでしょう。彼はどのような気持ちで開墾事業をおこなっていたのでしょうか。

喜舎場は晩年、玉城《たまぐすく》間切仲村渠村《なかんだかりむら》（現・南城市玉城仲村渠）に移り住み、晴耕雨読の生活をしていました。この時に彼は琉球王国の最期に自分が体験したことを粛々と本にまとめたのでした。

国学を出て、将来有望とされた喜舎場は、東京で日本の近代化を見て、首里城明け渡しを目の当たりにし、国の最期を見届けたのでした。そして、久米島での開墾生活に、晩年の晴耕雨読の生活と、まさに波瀾万丈の生涯だったのです。

ヒラ士族の「琉球処分」

琉球処分による時代の波は、それまでコツコツと働いてきたヒラ士族にも押し寄せます。ある一人の士族を紹介しましょう。彼の名は我那覇《がなは》仁屋《にや》孫著《そんちょ》。八重山《やえやま》士族で正規の職に就けない人物でした。彼は正規職員への就職を求め、無給でコツコツと頑張って働き続けます。時代は王国滅亡の直前。日本人がたびたび来航する中で業務は多忙を極め、役人たちは沖縄島への出張が重なり人手の足りない状況で、我那覇は臨時の書記として行政文書の作成に励み、上司へ星功《ほしこう》ポイントをたまわるよう願い出て、一三〇日分のポイントを取得しています。

また向学心にあふれる彼は自費で沖縄島へ渡り、久米村《くめむら》の先生に付いて学問に励んでいます。この時も上司へその功績をアピールし、星功ポイントを与えられています（この時はポイント一〇〇〇日分をゲット）。彼は無給にもかかわらず働き続け、自費で勉強してスキルを磨き続けていたのです。もちろんちゃっかり星功ポイントをもらうことも忘れてはいません。

一八七九年、明治政府によって琉球王国は併合され、沖縄県が設置されました。しかし各地では王国時代の行政制度がそのまま存続していました。八重山でも王府からの派遣役人（在番）が明治政府の役人に替わっただけで、八重山士族たちは時代が大きく変わったことを実感していませんでした。

一八八二年、我那覇は公務で与那国島《よなぐにじま》から帰る途中、漂流して中国に流れ着いてしまいます。ここで彼は、中国に亡命して王国復活の運動をしていた琉球人、幸地親方朝常《こうちうぇーかたちょうじょう》（向徳宏《しょうとくこう》）らと会い、「救国運動」に参加します。しかし彼にとっては絶好のチャンス。一方で買い物をしたり福州で暦の勉強をしたりと、運動に本腰ではありませんでした。八ヵ月の滞在の後、彼は八重山へと帰っています。

ところで八重山では王国滅亡後、旧暦のカレンダーが沖縄本島から送付されず、日常生活に支障をきたしていました（明治時代は太陽暦に変更）。ここで我那覇の才能が発揮されます。一八八八年、彼は中国で学んだ暦の勉強を活かし、自前で旧暦カレンダーを作って八重山中に配ったのです。八重山の人たちは大助かり。「救国運動」の最中に学んでいたこの知識は、出世するためのものであって、彼は大きな「国家」を憂うより、身近な生活に重きを置いていたことがわかります。

彼はさっそくこの功績を上申し、臨時書記官（仮若文子《かりわかてこぐ》）か書記官（耕作筆者《こうさくひっしゃ》）、もしくは五〇〇〇日分の星功ポイントを求めます。そして見事、臨時書記官に就任し、さらに翌年には念願だった正規職員（杣山筆者《そまやまひっしゃ》）に採用されました。この時四五歳。努力に努力を重ね、人生を賭けてきた彼の夢はついに叶いました。さあ、まだまだ頑張ろう！と、さらに上の役職である目差職《めざししょく》をめざし、コツコツと働き続けます。

ところが一八九四年に日清戦争が起こり、日本が勝利を収めると、政府はもはや後ろ盾のいなくなった琉球に気を遣う必要はありません。一八九七年、八重山の蔵元の役所を廃止し、士族は全員クビになりました。ここまで何十年も貯めてきた星功ポイントもすべてパー。我那覇は絶望のどん底に突き落とされてしまいます。人生の目的を失って意気消沈する彼を、息子が精いっぱい慰めましたが、立ち直ることができなかったようです。琉球王国の滅亡では、彼のようなたくさんのヒラ士族が同じような目にあったのです。

ただ我那覇はやがて気持ちを切り替え、退職一時金四七円（約九四万円。当時の一円＝二万円で計算）を元手に商売を始めます。彼は晩年、三線《さんしん》を奏でながら「民間安悦口説《みんかんあんえつくどうき》」という歌を作っています。明治の新時代を「弥勒世《みるくゆ》（平和な世）」と言い、生活が豊かで身分にかかわらず教育を受けられることはめでたい、とうたっています。一九〇三年、彼は五九歳でこの世を去りました。

近代の苦悩と戦争

一八七九年に日本の一部となった沖縄県。当初は沖縄県設置に反対する琉球の人々が、琉球王国の復興を求める運動を展開していました。中には、中国（清国）へ亡命し、助けを求める人もいました。しかし、日清戦争で清が負けたことで、こうした運動も自然消滅していきました。

日本の一県となった沖縄ですが、日本本土と大きく異なる歴史を歩んだため、様々な文化・習慣の違いがあり、しばしば差別の対象にもなりました。沖縄の人々は明治・大正・昭和を通じて、「日本人」になろうと本土の文化や習慣になじむ努力を必死にしました。しかし、その過程で沖縄独特の文化は「野蛮で遅れている」と軽んじられていきました。

その後第二次世界大戦が起こり、沖縄は大きな歴史の流れにのみ込まれてしまいます。沖縄では島々にアメリカ軍が上陸し住民を巻き込んだ激しい地上戦がおこなわれました。そのため県民の四人に一人という、多くの尊い人命が失われてしまいました。それだけではなく、家や畑などの財産や、首里城をはじめとする文化遺産のほとんどが焼失してしまいました。

大国に翻弄された沖縄

戦後、沖縄県はアメリカ軍に占領され、日本から切り離されてしまいます。以後、アメリカ軍の支配下におかれることになりました。

東西冷戦のさなか、沖縄には戦略的な要衝として広大なアメリカ軍基地が建設されました。当初、沖縄の住民は皆、収容所へ入れられていましたが、その間に、もともと住んでいた土地はアメリカ軍の管理下に置かれ、立ち入ることができないまま基地が建設されたため、故郷へ帰ることができなくなってしまった人も大勢いました。また、一度は返還された土地が再び強制的に接収されることもありました。

基地に囲まれた地域ではアメリカ兵による事件・事故が多発しましたが、アメリカ軍の支配下にある沖縄では、事件・事故を起こしたアメリカ兵を罰することができませんでした。そのような状況下でも一九五二年には沖縄の人々による琉球政府が設立され、沖縄人から選ばれる行政主席というトップもいましたが、その上にはアメリカ軍の軍人が就く「高等弁務官」というリーダーがいて、アメリカの影響は大きいものでした。

こうしたアメリカ軍統治下での圧迫から脱するため、沖縄の人々は「日本国憲法」下の日本に復帰することを望み、また基地が撤去されることを期待しました。島を巻きこんだ大規模な復帰運動のすえ、日米両政府は沖縄返還に合意、一九七二年に日本へ復帰しました。これにともない、新沖縄県が誕生しましたが、期待されたほど基地の撤去は進まず現在にいたります。

様々な歴史の流れに翻弄《ほんろう》された沖縄ですが、琉球王国の文化は今でも沖縄社会に受け継がれています。この王国時代に培った、小さく弱くても柔らかくしなやかに生きる術もまた、沖縄の人々の心に息づいているのかもしれません。

あとがき

大学で地元・沖縄の歴史を学んだ私は、特に琉球王国時代に興味を持ち、琉球史を専攻しました。中学や高校の授業では教わることのなかった地元の歴史のおもしろさに触れ、熱中し、気づけば今、歴史に関わる仕事をしています。

これまで琉球史は全国的にあまり知られていませんでしたが、近年、琉球王国を舞台とした小説やドラマが人気を博したこともあり、いまだかつてないほど、全国からの注目が集まってきているように感じます。ところが、そのようにして興味を持つ方が増えているにもかかわらず、フィクションではない琉球史（特に近世琉球）を紹介した入門書はまだまだ少なく、くわしく知りたいと思ったら難しい専門書を読むしかないのが現状です。

そんななか、琉球史（近世琉球）の入門書と言える本書の執筆のお話をいただきました。新米研究者の私にとっては不安も多かったのですが、大先輩である久手堅憲夫氏の「物書きは恥かきである。恥をかかない物書きはいない。」というお言葉を胸に、全国のみなさまへ届けるべく執筆致しました。この本で、全国のみなさま、そしてなにより地元・沖縄県民のみなさまが知れば知るほど奥深い琉球史の世界にご興味を持っていただけたなら光栄です。

本書の内容は長年の琉球史研究者が培ってきた研究成果をもとにしています。こうした先学たちの努力がなければ執筆することはできませんでした。改めて先学たちに感謝の意を述べたいと思います。

最後に、恩師である沖縄国際大学の吉浜忍先生、田名真之先生、現場でご指導を頂いた外間政明氏、志村絵里奈氏をはじめとする那覇市歴史博物館の方々、南島地名研究センターの方々、学友である地域研究グループ シマミグイの金城良三、嵩原康平、玉栄飛道、知念直也、福地有希、山城彰子の諸氏、そして最後に、本書を出版するきっかけを与えてくださいました上里隆史氏、河出書房新社の中山真祐子氏に、篤く感謝の意を表します。

喜納大作

▽主要参考文献△

新城俊昭『高等学校　琉球・沖縄史』東洋企画、二〇〇一

池宮正治・小渡清孝・田名真之編『久米村　歴史と人物』ひるぎ社、一九九三

上里隆史『目からウロコの琉球・沖縄史』ボーダーインク、二〇〇七

上里隆史『琉日戦争一六〇九　島津氏の琉球侵攻』ボーダーインク、二〇〇九

上里隆史『ぞくぞく！目からウロコの琉球・沖縄史』ボーダーインク、二〇一〇

梅木哲人「評定所の機構と評定所文書」（『琉球王国評定所文書　第四巻』浦添市教育委員会、一九九〇）

浦添市美術館編『北斎の描いた琉球　琉球八景』浦添市美術館、二〇〇七

沖縄県文化振興会史料編集室編『沖縄県史　各論編4　近世』沖縄県教育委員会、二〇〇五

沖縄県文化振興会史料編集室編『沖縄県史　各論編3　古琉球』沖縄県教育委員会、二〇一〇

沖縄県文化振興会公文書館管理部史料編集室編『沖縄県史ビジュアル版4　ペリーがやってきた』沖縄県教育委員会、一九九九

沖縄県立博物館・美術館『琉球使節、江戸へ行く！』沖縄県立博物館・美術館、二〇〇九

沖縄市史編集事務局『間切公事帳の世界』沖縄市教育委員会、一九八七

沖縄大百科事典刊行事務局編『沖縄大百科　上・中・下』沖縄タイムス社、一九八三

「沖縄の土木遺産」編集委員会編『沖縄の土木遺産　先人の知恵と技術に学ぶ』沖縄建設弘済会、二〇〇五

海洋博覧会記念公園管理財団編『国子監と琉球人留学生～中国最高学府に学んだ琉球の若人～』海洋博記念公園管理財団、一九九七

喜舎場朝賢『琉球見聞録』東汀遺著刊行会、一九五二（再版）

久手堅憲夫『首里の地名　その由来と縁起』第一書房、二〇〇〇

国建編『首里城尚家関係者ヒアリング調査業務報告書』海洋博覧会記念公園管理財団、二〇一〇

島尻勝太郎・嘉手納宗徳・渡口真清三先生古稀記念論集刊行委員会編『球陽論叢』ひるぎ社、一九八六

首里城研究グループ編『首里城入門　その建築と歴史』ひるぎ社、一九八九

首里城公園管理センター編『首里城のデザイン』海洋博覧会記念公園管理財団、二〇一一
鈴木悠「ある下級士族の経験した「世替わり」」（上里賢一・高良倉吉・平良妙子編『東アジアの文化と琉球・沖縄』彩流社、二〇一〇）
高良倉吉・豊見山和行・真栄平房昭編『新しい琉球史像――安良城盛昭先生追悼論集――』榕樹社、一九九六
高宮広土『島の先史学 パラダイスではなかった沖縄諸島の先史時代』ボーダーインク、二〇〇五
田名真之『近世沖縄の素顔』ひるぎ社、一九九八
田名真之『沖縄近世史の諸相』ひるぎ社、一九九二
仲田邦彦『沖縄県の地理』編集工房東洋企画、二〇〇九
那覇市企画部市史編集室編『那覇市史 資料篇 第2巻中の7 那覇の民俗』那覇市役所、一九七九
那覇市企画部市史編集室編『那覇市史 資料篇 第1巻7 家譜資料 首里系』那覇市役所、一九八二
那覇市企画部市史編集室編『那覇市史 資料篇 第1巻8 家譜資料 那覇・泊系』那覇市役所、一九八三
那覇市企画部文化振興課編『那覇市史 通史篇 第1巻』那覇市役所、一九八五
那覇市企画部文化振興課編『那覇市史 資料篇 第1巻11 琉球資料 下』那覇市役所、一九九一
那覇市市民文化部歴史資料室編『尚家継承美術工芸 琉球王家の美』那覇市役所、二〇〇二
那覇市歴史博物館編『国宝「琉球国王尚家関係資料」のすべて』沖縄タイムス社、二〇〇六
那覇市歴史博物館編図録『氏集 首里那覇（増補改訂版）』那覇市歴史博物館、二〇〇八
那覇市歴史博物館編図録『那覇の名橋と知られざる橋』那覇市歴史博物館、二〇一〇
那覇市歴史博物館編図録『首里・那覇の装い』那覇市歴史博物館、二〇一〇
那覇市歴史博物館編図録『辻の歴史と文化』那覇市歴史博物館、二〇一二
那覇市歴史博物館編図録『沖縄のシンボル守礼門』那覇市歴史博物館、二〇一〇
那覇市歴史博物館編図録『那覇士族の一生』那覇市歴史博物館、二〇一一
南城市教育委員会文化課・知念文化財案内講師友の会編『「お新下り」の祭祀と道程をたずねる』知念文化財案内講師友の会、二〇〇九
『日本歴史地名大系 第48巻 沖縄県の地名』平凡社、二〇〇二

萩尾俊章『泡盛の文化誌』ボーダーインク、二〇〇四
比嘉春潮・崎浜秀明『沖縄の犯科帳』平凡社、一九六五
東恩納寛惇「校註羽地仕置」(『東恩納寛惇全集 2』第一書房、一九七八)
古塚達朗『名勝「識名園」の創設〈上巻〉～琉球庭園の歴史～』ひるぎ社、二〇〇〇
古塚達朗『名勝「識名園」の創設〈下巻〉～琉球庭園の歴史～』ひるぎ社、二〇〇〇
真栄平房昭「首里城の女たち～大台所で働く「あねべ」たち～」(『首里城研究』八号、二〇〇六)
真栄平房敬『首里城物語』ひるぎ社、一九九七
宮城篤正監修『すぐわかる沖縄の美術』東京美術、二〇〇七
琉球新報社編『新琉球史 近世編(上)』琉球新報社、一九八九
琉球新報社編『新琉球史 近世編(下)』琉球新報社、一九九〇
琉球政府編『沖縄県史 第14巻 資料編4 雑纂1』琉球政府、一九六五
琉球─中国・福建交流 500年展実行委員会編図録『海のシルクロードから琉球王国へ』琉球─中国・福建交流 500年展実行委員会、二〇〇五
真喜志瑶子「史料にみる琉球の弁財天信仰」(『南島史学』42号、一九九三)
渡辺美季「近世琉球の社会と身分「家譜」という特権」(加藤雄三・大西秀之・佐々木史郎編『東アジア内海世界の交流史』人文書院、二〇〇八)

※当時の貨幣価値については、磯田道史『武士の家計簿』(新潮新書)をもとに、琉球の鳩目銭(寛永通宝1文＝鳩目銭50枚)で換算したものです。ただし、この換算はあくまでも目安です。
※「年中各月日記」をはじめとする評定所の文書は浦添市より『琉球王国評定所文書』として刊行されています。

上里隆史（うえざと・たかし）
一九七六年生まれ。浦添市立図書館長を経て、現在、内閣府地域活性化伝道師、法政大学沖縄文化研究所国内研究員。NHKドラマ「テンペスト」の時代考証や、メディア、行政などでも活躍。著書に『新装版 海の王国・琉球』（ボーダーインク）、『マンガ 沖縄・琉球の歴史』（小社刊）、『琉球という国があった』（福音館書店）など。

喜納大作（きな・だいさく）
一九八四年生まれ。沖縄国際大学大学院地域文化研究科修士課程修了。沖縄国際大学南島文化研究所特別研究員。地域研究グループ シマミグイ、首里城研究会の会員。自らの足でシマを歩き、広い視野で探求、その研究成果を地域へ還元することがモットー。寄稿した書籍に『古地図で楽しむ首里・那覇』（安里進・外間政明編著、風媒社）、『国宝「琉球国王尚家関係資料」資料集 首里城御普請物語』（那覇市歴史博物館）がある。

増補版
知《し》れば知《し》るほどおもしろい
琉球王朝《りゅうきゅうおうちょう》のすべて

二〇一二年 六 月三〇日 初版発行
二〇一五年 六 月三〇日 新装改訂版初版発行
二〇二三年 八 月二〇日 増補版初版印刷
二〇二三年 八 月三〇日 増補版初版発行

著 者 上里隆史／喜納大作
発行者 小野寺優
発行所 株式会社河出書房新社
〒一五一―〇〇五一 東京都渋谷区千駄ヶ谷二―三二―二
電話 〇三―三四〇四―一二〇一［営業］
〇三―三四〇四―八六一一［編集］
https://www.kawade.co.jp/

組版 株式会社創都
印刷・製本 三松堂株式会社
Printed in Japan ISBN978-4-309-22894-5

新装版

マンガ 沖縄・琉球の歴史

上里隆史 著

琉球王国ってどんな国？　王様や庶民の暮らしぶりは？
「沖縄」が誕生するまでの歴史や、独特の文化・風習を、
気鋭の歴史学者がわかりやすく面白いマンガで解説した一冊。

マンガ
沖縄・琉球の歴史
The history of Okinawa and the Ryukyu
王子さま
大臣
オバァ
神女
門番
王女さま
農民
上里隆史
Takashi Uezato
河出書房新社